Buch

28 weltweit bekannte Heilerinnen und Heiler berichten über ihre persönlichen und beruflichen Erfahrungen mit dem Heilen. Weniger einzelne Techniken oder Verfahren stehen im Vordergrund, sondern es geht mehr um den »gemeinsamen Nenner«, der allem Heilen zugrunde liegt:
- Was ist Heilen und wie findet es statt
- Die Macht des inneren Heilers
- Der Unterschied zwischen Behandlung und Heilen
- Heilwerden als Lebensaufgabe.

Herausgeber

Benjamin Shields absolvierte zunächst ein Studium der Biochemie und Biologie. Zusätzlich ließ er sich für Rolfing und Cranio-Sacral-Therapie ausbilden. Er lebt und arbeitet als Therapeut in Santa Monica in Kalifornien.

Dr. Richard Carlson ist Psychologe mit eigener Praxis in Oakland/Kalifornien.

Beide beschäftigen sich seit längerem beruflich und privat mit Fragen des Heilens und sind erfahrene Autoren und Herausgeber.

RICHARD CARLSON
BENJAMIN SHIELD (HRSG.)
Was ist heilen?
Berühmte Heilerinnen und Heiler antworten

Aus dem Amerikanischen
von Ursula Fassbender

GOLDMANN VERLAG

Die Originalausgabe erschien unter dem Titel
Healers on Healing
bei Jeremy P. Tarcher, Los Angeles.
Für die deutsche Ausgabe wurde das Buch gekürzt und durch
eigene Beiträge ergänzt.

Umwelthinweis:
Alle bedruckten Materialien dieses Taschenbuches
sind chlorfrei und umweltschonend.

Der Goldmann Verlag
ist ein Unternehmen der Verlagsgruppe Bertelsmann

Genehmigte Taschenbuchausgabe 1994
© der deutschsprachigen Ausgabe 1992
by Kösel Verlag, München
Umschlaggestaltung: Design Team München
Druck: Presse-Druck Augsburg
Verlagsnummer: 13768
Ba · Herstellung: Stefan Hansen
Made in Germany
ISBN 3-442-13768-3

10 9 8 7 6 5 4 3 2 1

Inhalt

Einführung 7

TEIL 1:
Liebe ist der Heiler 9

Bernie Siegel: Liebe, der Heiler 11
Louise L. Hay: Heiler, heile dich selbst 21

TEIL 2:
Die Rückkehr zur Ganzheit 27

Richard Moss: Das Geheimnis der Ganzheit 29
Lynn Andrews: Die Lebenskraft spiegeln 39
O. Carl Simonton: Die Harmonie der Gesundheit 47
Brooke Medicine Eagle: Der Heilkreis 54
Thorwald Dethlefsen: Die Integration des Schattens 60

TEIL 3:
Der innere Heiler 67

John E. Upledger: Selbsterkenntnis und Selbstheilung 69
Shakti Gawain: Wie man der inneren Weisheit folgt 77
Martin Rossman: Krankheit als Heilungschance 84
Hetty Draayer: Auf dem inneren Weg 89

TEIL 4:
Die heilende Beziehung 95

Norman Cousins: Die Heilungsgleichung 97
Ted Kaptchuk: Heilung als gemeinsame Reise 102

Rosalyn Bruyere: Faktor Mitgefühl 105
Rollo May: Die mitfühlende Beziehung – Voraussetzung
 für Heilung 107
Stanley Krippner: Prüfsteine des Heilungsprozesses 110

TEIL 5:
Die Rolle des Heilers 115

Dolores Krieger: Das zeitlose Heilkonzept 117
Elisabeth Kübler-Ross: Die vier Säulen des Heilens 121
Michael Harner: Das verborgene Universum des Heilers 126
Janet F. Quinn: Heilung – das Entstehen einer wahren
 Beziehung 131

TEIL 6:
Die Einstellung zum Heilen 137

Sun Bear: Verschiedene Einstellungen zum Heilen 139
Gerald Jampolsky: Sekunde für Sekunde leben und lieben 145
Patricia Norris: Heilen: Was wir von Kindern lernen
 können 150

TEIL 7:
Bewußtsein und die Heilwirkung 157

Joan Halifax: Der Geist des Heilens 159
Larry Dossey: Der Geist jenseits des Körpers 164
Harold Bloomfield: Die heilsame Stille 170
Deepak Chopra: Der Zauberbann der Sterblichkeit 173
Keith Sherwood: Die Ökologie des Heilens 181

Nachwort 188

Einführung

Hin und wieder gibt uns das Leben Gelegenheit, über unsere augenblickliche Situation, unsere Vergangenheit und unsere Zukunft nachzudenken. Eine solche Gelegenheit bot sich uns, als wir uns im Dezember 1986 in Santa Cruz, Kalifornien, aufhielten und über die Weite des Pazifiks blickten.
Als Rolfer, die in einer Vielzahl von therapeutischen Verfahren ausgebildet werden, sind wir täglich mit den Grenzen unserer Methoden sowie mit ihrer Heilkraft konfrontiert. Zu diesem Zeitpunkt beschäftigten wir uns mit der Frage, welche neue Dimension des Heilens für die Behandlung unserer Patienten und Klienten von Nutzen sein könnte.
Wir fanden viele Kurse, Seminare und Bücher über das Heilen. Auf jede neue Technik, die wir erlernten, folgten eine Menge anderer, die wir auf unsere Liste der Heilmethoden setzten, mit denen wir uns gründlicher befassen wollten. Wir gelangten zu der Erkenntnis, daß wir in einer Zeit leben, in der es mehr unterschiedliche Techniken, Fachrichtungen und Heilweisen gibt als je zuvor.
Die meisten Therapien liefern ein Vehikel, eine grundlegende, wirkungsvolle Heilmethode zu entwickeln. Wir entdeckten, daß beim Heilen auch Elemente wirksam sind, die über die Technik hinausgehen. Anstatt die Unterschiede zwischen den einzelnen Therapien zu erforschen, beschlossen wir, nach dem gemeinsamen Nenner – dem »roten Faden« – zu suchen, der alle Heilerinnen und Heiler sowie die Heilmethoden der Vergangenheit, Gegenwart und Zukunft verbindet.
In dieser Absicht baten wir Heilerinnen und Heiler der unterschiedlichsten Schulen, in einen Gedankenaustausch zu treten. In diesem Buch versuchen wir, diesen gemeinsamen Nenner des Heilens aufzuspüren. Fast alle Heilerinnen und Heiler, mit denen wir in Kontakt traten, nahmen sich Zeit, um etwas zu diesem

Thema zu schreiben. All diese Beiträge zusammen ermöglichen uns diese außergewöhnliche Reise in die Kunst des Heilens, auf die Sie sich jetzt begeben werden.

Wir glauben, daß dieser Sammelband von einer einzigartigen Vision getragen ist. Jeder Beitrag wird wie ein Faden eingewoben, um schließlich einen ganzen Teppich zu erschaffen. Innerhalb dieser Meinungsvielfalt werden die Gemeinsamkeiten der Heilmethoden deutlich. Sie werden sie in den Überschriften zu den einzelnen Teilen des Buches wiederfinden: die Rolle der Liebe, die Rückkehr zur Ganzheit, auf unsere innere Stimme hören, das Wesen von heilsamen Beziehungen, die Rolle des Heilers, die richtige Einstellung zum Heilen und Bewußtsein und Heilwirkung.

Jeder Beitrag ist leicht verständlich geschrieben, eher aus dem Herzen als vom Kopf her. Die Beiträge sind eine Herausforderung, sich über die Grenzen spezieller Techniken und Denkschulen hinauszuwagen und die dahinter verborgenen, universellen Gesetzmäßigkeiten zu entdecken, auf denen jede Heilweise basiert.

Wir haben dieses Projekt aus dem Wunsch heraus unterstützt, uns als Therapeuten weiterzuentwickeln und unseren Beitrag zu der Gemeinschaft der Heiler zu leisten. Es hat nicht nur unsere Arbeit, sondern auch unser Leben tief beeinflußt.

Benjamin Shield *Richard Carlson*

TEIL 1

Liebe ist der Heiler

Der Tag wird kommen,
nachdem wir uns Wind, Gezeiten
und Schwerkraft zunutze gemacht haben,
daß wir für Gott die Energien der Liebe nutzen
werden.
Und an dem Tag
zum zweiten Mal in der Geschichte der Welt,
wird der Mensch das Feuer entdeckt haben.

Teilhard de Chardin

Liebe wird als der gemeinsame Nenner betrachtet, der jeder erfolgreichen Heilung zugrunde liegt und alle wirkungsvollen Heilmethoden verbindet. Ohne Liebe gibt es keine wirkliche Heilung. Denn Heilung bedeutet nicht nur das Fehlen von Krankheit oder Verletzung im Körper, sondern das Gefühl des Verzeihens, der Zugehörigkeit und auch der Fürsorglichkeit.

Obwohl der Begriff *Liebe* in den Heilkünsten oftmals sehr oberflächlich verwendet wird, erklären die Autorinnen und Autoren dieses Teils, wie und warum Liebe den Heilungsprozeß wirklich beeinflußt. Nach ihrer Ansicht ist Heilung ohne aufrichtige Liebe sowohl für den Patienten als auch für die Heilerin oder den Heiler unvollkommen.

Mittels persönlicher Anekdoten sowie wissenschaftlicher Forschungsberichte wird Liebe als Heilmittel auf eine Weise geschildert, die jeden berührt. Indem wir die Haltung verinnerlichen, die in diesem Teil des Buches ausgedrückt wird, bekommen wir eine Ahnung, wie wir unsere Vorstellung davon, was Heilung ist, mit genug Liebe für uns selbst und die Menschen, die der Heilung bedürfen, erweitern können.

BERNIE SIEGEL
Liebe, der Heiler

Als Chirurg habe ich seit vielen Jahren mit Patienten zu tun, die an tödlichen und schwächenden Krankheiten leiden. Bei dieser Arbeit habe ich entdeckt, daß unglaublich wunderbare Dinge in diesen Menschen geschehen, nicht nur in psychologischer, sondern auch körperlicher Hinsicht, wenn man die Patienten dazu bringt, sich selbst zu lieben. Die Begleiterscheinung ihrer positiveren psychischen Einstellung ist eine entsprechende Besserung ihres körperlichen Zustands. Deshalb liegt für mich der Schwerpunkt der Therapie darin, den Menschen beizubringen, wie sie Liebe empfinden und ausdrücken können. Dies wiederum hängt meiner Erfahrung nach von meiner eigenen Fähigkeit ab, meine Patienten zu lieben und ihnen zu zeigen, daß sie liebenswert sind.

Warum ist Liebe für die Heilung von so großer Bedeutung? Ganz einfach deshalb, weil sie das Wichtigste im menschlichen Leben ist. Aufrichtige Liebe muß frei zum Ausdruck gebracht werden, aus freiem Willen heraus. Liebe ist nichts, was man für selbstverständlich nehmen darf. Sie kann nicht wie eine Aufgabe zugeteilt werden. Es ist langweilig und nichtig, wenn man »gezwungen« wird zu lieben (was in Wirklichkeit unmöglich ist). Man muß sich freiwillig dazu entscheiden zu lieben.

Wenn wir unsere Freiheit in angemessener Weise nutzen und uns für die Liebe entscheiden, wird die Liebe enorm wichtig, weil sie aus unserem tiefsten Innern entspringt, der Quelle aller Freiheit. Dann können wir Liebe empfinden, und auch andere können sie spüren und zwar so tief, daß sie eine tatsächliche körperliche Wirkung hat. Es gibt eine Physiologie der Liebe. Liebe ist nicht nur eine emotionale, sondern eine Erfahrung des ganzen Körpers.

Aus diesem Grund glaube ich, daß Liebe der gemeinsame rote Faden aller Heilmethoden ist. Aber dies ist eine sehr abstrakte Vorstellung, und wir müssen Liebe mehr praxisbezogen betrachten, wenn es darum geht, wie die Liebe den Heilungsprozeß beeinflußt. Folgendes Beispiel soll dies verdeutlichen.

Wenn Krebs-Patienten in meine Praxis kommen, ist es oftmals offensichtlich, daß sie sich am liebsten eine Kugel in den Kopf jagen würden und auf dem besten Weg sind, Selbstmord zu begehen – durch übermäßigen Mißbrauch von Tabak, Alkohol, Drogen und Arbeit bis zum Umfallen. In dem Fall sage ich nun nicht: »Geben Sie das Rauchen auf«, oder »Nehmen Sie um Himmels Willen ab, treiben Sie Sport und nehmen Sie Ihre Medizin«. Statt dessen sage ich: »Ich mache mir Sorgen um Sie, und ich mag Sie. Hier sind einige Anregungen, wie Sie etwas für sich tun und sich selbst lieben können. Ich sehe Sie in zwei Wochen wieder.«

Wenn die Patienten wiederkommen, ohne irgend etwas getan zu haben, sage ich dennoch: »Ich mag Sie.« Ich klopfe ihnen auf die Schulter und wiederhole: »Ich sehe Sie in zwei Wochen wieder.« Durch diese Liebe gelangen sie zu der Einstellung: »Ich möchte Ihnen dafür danken, daß Sie mich mögen. Ich fange an, mich selbst zu mögen. Ich beginne, für mich selbst zu sorgen.« Sie fragen sich allmählich, was sie sonst noch für sich tun können.

Zu diesem Zeitpunkt erzähle ich meinen Patienten von den gruppentherapeutischen Sitzungen und erkläre ihnen, daß sie dort willkommen sind, wenn es ihnen nichts ausmacht, über ihr Leben zu sprechen und ihre Gefühle mitzuteilen. Danach schlage ich vielleicht eine Kunsttherapie, Bücher oder bestimmte Übungen vor – zum Beispiel zweimal täglich 20 Minuten lang nackt vor dem Spiegel sitzen, wobei man sich folgendes sagt: »Du hast wunderschöne Augen, ein sympathisches Lächeln, und ich mag dich.« Oder ich erwähne vielleicht eine Meditation, ein Gebet, Musik und Lachen.

Zu irgendeinem Zeitpunkt erkennt der Patient plötzlich: »Ich weiß zwar, daß ich niemals vollkommen sein werde, aber es ist wundervoll, darauf hinzuarbeiten!« Diesen Prozeß nenne ich Wachsen, Blühen und zur Blüte werden. Die Patienten entdecken, daß sie ein Same mit einem riesigen, unausgeschöpften Potential sind, der nur darauf wartet, endlich aufkeimen zu dürfen. Ihre Perspektive verändert sich: »Seht mal, was aus mir werden kann!«

Durch Liebe heilen kann auch damit beschrieben werden, den Menschen zu helfen, auf ihren eigenen Lebensweg zurückzukehren. Jeder von uns scheint mit einer »Blaupause« geboren zu sein, die uns nicht nur zu einem ganz bestimmten körperlichen Wesen macht, sondern in der auch der Weg unserer psychologischen, intellektuellen und spirituellen Entwicklung vorgezeichnet ist. Wenn wir von dieser inneren Blaupause abweichen, wird oftmals psychische oder physische Krankheit erforderlich, um uns wieder auf den richtigen Weg zu bringen, so als ob sie zu uns sagen würden: »Hey, du machst nicht das Beste aus dir. Kehre auf deinen Weg zurück.«

Der Psychiater Milton Erickson erzählt eine Geschichte, wie er als Junge einmal ein Pferd gefunden hatte. Erickson sprang auf den Rücken des Pferdes und ritt es fünf Meilen lang auf einem Weg, der zu einer Farm führte. Der überraschte Bauer fragte ihn: »Woher wußtest Du, wie Du mit meinem Pferd hierher zurückkommst?« Erickson antwortete: »Ich wußte es nicht, sondern das Pferd. Alles, was ich tat, war, dafür zu sorgen, daß es auf dem Weg blieb.« Genauso sollte eine Psychotherapie verlaufen. Ein guter Therapeut bringt seinen Klienten nur in Kontakt mit seiner inneren Blaupause. Dann beginnt der Klient von selbst, wieder dem richtigen Weg zu folgen.

Manchmal fällt es uns natürlich schwer, den Weg zurück zu finden. Dann brauchen wir Hilfe. Wir brauchen jemanden, der so freundlich ist, uns einen kleinen Stoß zu geben, um uns in Trab zu setzen. In der Therapie geschieht dies in Form einer Konfrontation – die ich auch als »Care-frontation« bezeichne (von engl. to care = für jemanden sorgen; Anm.d.Übers.), eine liebevolle Konfrontation zwischen Klient und Therapeut, die in vieler Hinsicht der Konfrontation zwischen dem Pferd und dem Reiter ähnelt. Der Reiter liebt das Pferd, aber er gibt ihm hin und wieder einen leichten Tritt in die Flanke, um es anzutreiben.

Wenn wir auf unsere innere Stimme hören, entdecken wir den inneren Therapeuten, der zu uns sagt: »Achtung! Jetzt werde ich dir ein kleines bißchen wehtun, damit du aufwachst.« Aus diesem Grund nenne ich Schmerz und Leid manchmal »Gottes Verstellknopf«. Manchmal ist es das einzige, was Menschen dazu bringt, sich zu ändern.

Natürlich können auch viele äußere Faktoren dazu beitragen, daß wir vom richtigen Weg abkommen – die Konditionierung durch die Eltern, der Druck unserer Mitmenschen und ähnliches. Aber wieder auf seinen Weg zurückzukehren, bedeutet immer, die Art und Weise zu finden, wie wir der Welt am besten Liebe geben können. Denn jeder von uns hat seine eigene, individuelle Weise, Liebe auszudrücken. Wenn wir entdecken, welches unsere Art ist, werden wir ein langes und gesundes Leben haben und es in vollen Zügen genießen, und wir können die meiste Liebe von anderen empfangen. Deshalb muß das Ziel einer Therapie darin liegen, den Klienten zu helfen, ihre eigenen, einzigartigen Wege der Liebe wiederzuentdecken.

Wenn man dabei erfolgreich sein will, muß der Therapeut praktische Möglichkeiten finden, ständig in Verbindung mit seiner eigenen Liebe zu bleiben, denn ohne diesen zuverlässigen Kontakt wird die Wirkung der Therapie ernsthaft beeinträchtigt. Ich habe festgestellt, daß in dem Bestreben des Therapeuten, Zugang zu seinen inneren Quellen der Liebe zu finden, drei Faktoren relevant sind: 1. der Versuch, seine eigene Botschaft zu leben; 2. die Inspiration von mutigen Klienten; 3. die Bewußtheit der eigenen Sterblichkeit.

Vielleicht am wichtigsten ist, daß der Therapeut seine eigene Botschaft lebt. Damit meine ich nicht, daß man perfekt sein muß. Mir gefällt, wie Elisabeth Kübler-Ross dies ausdrückt: »Ich bin nicht o.k., du bist nicht o.k., aber das ist okay«. Wir sind nicht vollkommen, aber wir können uns unsere Unvollkommenheiten verzeihen. Das bedeutet, daß ich mir selbst verzeihen muß, nicht vollkommen zu sein, ebenso wie meinen Patienten, wenn ich meine eigene Botschaft leben will. Es bedeutet auch, daß ich an täglicher Meditation, Musik, Gebet, Affirmationen, Sport, Diät und allen anderen Aktivitäten, die unsere Therapiegruppe unternimmt, teilnehme, da es mir auf diese Weise leichter fällt, meinen Patienten und mir zu vergeben.

Für mich heißt meine Botschaft zu leben auch, daß es okay ist, an meinen eigenen Verletzungen zu arbeiten und gegenüber den Menschen, für die ich sorge, verletzlich zu sein. Auf diese Weise werden meine Patienten zu meinem größten Schatz. Ich kann sie bitten, mich in den Arm zu nehmen, wenn ich einen schweren Tag hatte. Ich brauche kein Supermann zu sein. Ich kann meine eigene Sterblichkeit und Menschlichkeit zugeben.

In diesem Sinne bin ich kein traditioneller Therapeut. Ich habe nichts gegen Körperkontakt mit meinen Patienten, weil sie verstehen, daß dies Liebe ist, die auf einer sicheren Ebene zum Ausdruck gebracht wird. Sie wissen, daß ich sie in einer Weise liebe, die nichts mit Sexualität zu tun hat und deshalb nicht bedrohlich ist.

Einer meiner Kollegen, ein Psychiater, hatte drei Jahre lang mit einer Frau gearbeitet, die schwere Verbrennungen erlitten hatte. Er hatte versucht, ihr verständlich zu machen, sie sei trotz ihrer Narben liebenswert. Nachdem er einen Vortrag von mir gehört hatte, erzählte er mir, er hätte die Frau bei ihrer nächsten Sitzung in den Arm genommen. Sie hätte von der Umarmung mehr profitiert als von drei Jahren Therapie.

Es gibt also Zeiten, zu denen Körperkontakt angemessen ist. Wenn Sie die Welt wirklich lieben, brauchen Sie sich keine Gedanken darüber machen, zu lieben und zärtlich zu sein. Wenn ich jeden in einem Krankenhaus liebe, muß ich mir keine Sorgen darüber machen, ob ich nun eine Krankenschwester oder einen Patienten in den Arm nehme. Keiner wird sagen: »Hey, was macht er da?« Sie wissen: »Oh, er mag jeden, also ist es in Ordnung«.

Meiner Ansicht nach müssen Therapeuten folgende Lektionen lernen: Es ist okay zu lieben. Es ist okay, den Patienten zu berühren, wenn dieser es zuläßt. Es ist okay, die Liebe anzunehmen, die zurückkommt. Und wenn man einen schweren Tag hatte, ist es okay, dem Patienten zu sagen: »Heute hatte ich einen schweren Tag. Ich brauche es, in den Arm genommen zu werden.«

In gleicher Weise sollte der Heiler oder Therapeut Wut nicht als etwas Ungesundes oder Unnormales betrachten. In der Tat kann Wut sehr positiv sein. Wenn Ihre Welt im Operationssaal auf den Kopf gestellt wird, ist es in Ordnung, Ihre Wut auszusprechen. Die Leute werden es Ihnen gestatten, Gefühle des Ärgers zu haben, weil sie dieselben Gefühle haben und wissen, was Sie empfinden. Indem Sie Ihrem Ärger Luft machen, indem Sie aussprechen, wie Sie sich fühlen und welche Bedürfnisse Sie jetzt haben, bauen Sie keinen Groll gegenüber anderen auf. Wenn Sie Ihre Gefühle ausgedrückt haben, sind Sie wieder bereit, andere zu umarmen und mit ihnen zu lachen. Dann weiß jeder, wo der andere steht, man trampelt sich nicht gegenseitig auf seinen Gefühlen herum, man respektiert den anderen und kann weitermachen.

Wenn Wut *nicht ausgedrückt* wird, wirkt sie schädlich. Allzu oft verwechseln die Menschen Wut mit innerem Groll. Wut kann positiv sein, während innerer Groll Menschen zum Mörder machen kann. Die Dinge, die wir niemals ausgesprochen haben, schaden uns am meisten. Dann wird unsere Wut zu einem Pulverfaß, und wir explodieren womöglich bei einer unbedeutenden Kleinigkeit und zeigen eine Reaktion, die in keinem Verhältnis zum Anlaß steht.

Wenn man seine eigene Botschaft lebt, ist dies auch mit einem Aspekt der Offenheit und Bescheidenheit verbunden. Als Therapeut sitzt man nicht auf einem fernen Aussichtspunkt, von dem man auf die ignorante Masse der Hilfsbedürftigen herabsieht. Vielmehr tun Sie, was notwendig ist, im Vertrauen darauf, daß die Liebe zeigen wird, was erforderlich ist. Dies bedeutet, daß man sich nicht als unfehlbarer Experte aufspielt, der alle Antworten kennt. Vielmehr bedeutet es, den Heilungsprozeß als Dialog und Lernerfahrung sowohl für den Patienten als auch den

Therapeuten zu betrachten. Wenn mich meine Patienten also Bernie nennen wollen, ist es okay. Ich muß nicht »Dr. Siegel« sein. Ich brauche mich nicht abzugrenzen und Mauern zwischen mir und meinen Patienten zu errichten, die verhindern, daß sie sich für die Liebe öffnen.

Auf diese Weise wird Therapie zu einem Prozeß, in dem Patient und Therapeut gegenseitig ihr Leid heilen. Es ist von wesentlicher Bedeutung, sich daran zu erinnern, daß man aufrichtig seinen eigenen Schmerz anschauen und sich mit ihm auseinandersetzen muß und nicht nur Ratschläge erteilen darf, die man selbst nicht befolgt, ohne zu wissen, wie schwer der Patient es hat. Liebe ist nur dann authentisch, wenn sie lebendiger Erfahrung entspringt. Wenn sie nicht authentisch ist, wird sie nicht überzeugend sein.

Was die Liebe im therapeutischen Prozeß auch bedeutend fördert, ist die Tatsache, daß uns bei dieser Arbeit täglich Menschen umgeben, die eine Inspiration sind. Wir sehen, wie die Menschen das Leben trotz schwerer oder lebensbedrohender Krankheiten bejahen, so wie der mutige AIDS-Patient, für den seine Krankheit eher eine Herausforderung als eine Niederlage darstellt, und die Krebs-Patienten, die sich trotzdem entscheiden, die Welt zu lieben, und ihre Krankheit als ein Geschenk und den Krebs als Schönheitsmerkmal bezeichnen. Solche Menschen sind ermutigend. Sie spornen uns an und bewahren uns davor, vor Erschöpfung zu resignieren.

Doch wenn man in die Situation kommt, daß man seine Arbeit als Therapeut nicht liebt, ist es besser, damit aufzuhören. Ich zitiere gerne George Halas, den verstorbenen Besitzer und Trainer des Chicago Bears-Footballteams, der bereits in den Achtzigern war, als ihn eines Sonntags ein Kollege in seinem Büro antraf. »George, wieso arbeitest Du in Deinem Alter am Sonntag?« Halas antwortete: »Es gibt keinen Ort, an dem ich lieber wäre als an meinem Arbeitsplatz.« In gleicher Weise sage ich es meinen Patienten, wenn ich das Gefühl habe, ich würde lieber woanders sein. Ich erkläre ihnen, daß ich nicht immer für sie da sein kann.

Eine Klientin war beispielsweise den ganzen Weg von Georgia nach Connecticut geflogen, um mich aufzusuchen. Sie geriet in einen Schneesturm und rief am Freitagnachmittag in meinem Büro an, um mir mitzuteilen, sie könne nicht vor sieben oder acht Uhr abends kommen. Ich erklärte ihr: »Leider kann ich Sie dann nicht mehr empfangen. Ich muß nach Hause. Ich muß morgen mit dem Flugzeug verreisen.« Sie war sehr aufgebracht, aber ich schlug ihr vor, sie solle mich noch einmal anrufen, wenn sie in ihrem Hotel sei. Später sprachen wir dann etwas ausführlicher miteinander und sie beruhigte sich etwas. Ich sagte zu ihr: »Sehen Sie, es gibt doch noch andere Menschen, die Sie besuchen können. Vielleicht sollten Sie das Wochenende in New Haven verbringen.« Ich vereinbarte einen Termin für Montagabend mit ihr und sagte ihr, ich würde bis Mitternacht aufbleiben, falls sie mich brauchte.

Wie sich herausstellte, passierten ihr an diesem Wochenende nur positive Dinge, und am Montag betrachtete sie das Ganze als eine bereichernde Erfahrung. Es war besser, sie am Freitagabend nicht mehr empfangen zu haben, denn dann hätte sie sich geweigert zu bleiben. Es war besser, daß ich nein gesagt hatte. Dies ist für viele Therapeuten eine schwierige Lektion – wann muß man nein sagen. Wir sollten daran denken, daß wir nicht ewig leben und deshalb manchmal nein sagen müssen. Dann ist das Neinsagen nicht mehr so negativ. Tatsächlich ist ein Nein ein Ja zu sich selbst. Ein Heiler muß der Welt nicht immer auf Abruf zur Verfügung stehen.

Schließlich wird die Liebe in einer therapeutischen Beziehung durch das Wissen um unsere Sterblichkeit gefördert, daß wir eines Tages sterben werden, egal wieviel wir joggen, lieben oder ob wir Gemüse aus biologischem Anbau essen. In diesem Bewußtsein mache ich in diesem Augenblick das Beste aus meinem Leben, wobei ich heute das tue, was ich mit dem Rest meines Lebens am liebsten anfangen würde. Ich habe die Einstellung, wenn ich heute nacht oder morgen sterben sollte, dann war mein Leben erfüllt. Ich bin erfüllt, weil ich aus vollem Herzen geliebt habe. Dies ist ein Teil meiner Botschaft, die ich den Menschen auf Workshops vermittle: das Gefühl, daß wir unsere eigene Sterblichkeit positiv nutzen können, um das Beste aus unserem Leben zu machen.

Therapeuten müssen auch die Vorstellung entwickeln, daß der Tod kein Mißerfolg ist. In der traditionellen medizinischen Ausbildung wird der Erfolg natürlich daran gemessen, daß man Krankheit beseitigt oder »kuriert«, weshalb der Tod eines Patienten als Mißerfolg betrachtet wird. Aber mit dieser Einstellung beginnen wir, uns von unseren Patienten zu distanzieren und die Möglichkeiten aus den Augen zu verlieren, wie wir ihnen beim Sterben, das ein Übergangsstadium ist, hilfreich zur Seite stehen können.

Es ist nicht immer möglich zu heilen. AIDS erinnert uns daran. Vor fünfzig Jahren starben viele Menschen an Diphterie. In fünfzig Jahren werden wir sicherlich wieder irgendeine neue Krankheit haben, die sich nicht behandeln läßt. Die Menschen werden immer sterben, an unheilbaren Krankheiten leiden, aber sie werden auch immer Beschwerden haben, die geheilt werden können.

Ich sage den Menschen, ob sie nun gesund oder krank sind, sie sollten so leben, als würden sie in jedem Augenblick sterben. Dann ist es leicht, anderen zu helfen, denn dieser Rat besitzt in jeder Situation Gültigkeit. Sie meinen, Sie werden morgen sterben? Gut, dann leben Sie so, als würden Sie heute nacht sterben. Wer weiß, vielleicht fühlen Sie sich dann viel zu gut, um morgen zu sterben. Oder vielleicht sterben Sie tatsächlich, weil Sie müde sind und Ihnen nach sterben zumute ist. Wir haben viel mehr Kontrolle über den Zeitpunkt unseres Todes als die meisten Menschen wissen. Es ist in Ordnung zu sterben, wenn es das ist, was notwendig ist. Weil jeder eines Tages stirbt, kann Sterben kein Mißerfolg sein. Mit dieser Einstellung kann der Tod sehr heilsam sein.

Natürlich bereitet es uns immer großen Kummer, wenn wir einen Menschen verlieren, der uns sehr nahesteht. Denken Sie einmal an Menschen, die neunzig, fünfundneunzig oder hundert Jahre gelebt haben. Vielleicht haben sie ihre Ehepartner, ihre Kinder und viele andere ihnen nahestehende Menschen verloren. Doch nach diesen schrecklichen Verlusten finden die Menschen die Kraft, weiterzuleben, weil sie lernen, andere zu lieben.

Wir können nicht jeden überleben, den wir lieben, wenn wir die Entscheidung treffen, immer wieder neue Menschen zu lieben. Die Überlebenden tragen die Liebe beständig weiter. Daher wird das Heilen wie die Liebe zu einem nie endenden Prozeß.

Bernie Siegel, Dr. med., F.A.C.S., besitzt eine Privatpraxis für Kinderheilkunde und Chirurgie in New Haven, Connecticut. Er ist der Begründer eines Therapieprogramms, genannt »Exceptional Cancer Patients«, und gehört einer Vielzahl von medizinischen und psychologischen Vereinigungen an. Veröffentlichungen: »Liebe, Medizin und Wunder« (Düsseldorf: Econ 1991); »Mit der Seele heilen« (Düsseldorf: Econ, 1991); »Prognose Hoffnung« (Düsseldorf: Econ, 1988).

LOUISE L. HAY

Heiler, heile dich selbst

Es gibt ein Lied von den Beatles mit dem Titel »All you need is love«. Ich glaube, das stimmt. Die Liebe durchströmt alles. Keine Heilmethode der Welt könnte wirklich helfen, wenn sie nicht mit Liebe angewandt würde. Viele unserer – körperlichen, emotionalen und sogar spirituellen – Probleme entstehen durch den Mangel an Liebe. Ich glaube, die meisten Menschen müssen wieder lernen, sich selbst zu lieben, um sich wirklich heilen zu können.

Meiner Meinung nach ist der Grund für viele Probleme die Ablehnung der eigenen Person und der Selbsthaß. Aus irgendeinem Grund schaffen sich viele Menschen unangenehme Erfahrungen – beispielsweise durch Drogen- oder Alkoholmißbrauch, Rauchen oder übermäßiges Essen. Solange sie nicht bereit sind, das Bedürfnis nach Selbstbestrafung aufzugeben, kann ihnen kaum dauerhaft geholfen werden. In manchen Fällen zeigen sich zwar Anzeichen einer Heilung, aber die Erfolge sind oft nur vorübergehend.

Wenn Liebe vorhanden ist, liegen die Dinge anders, sogar bei tödlichen Krankheiten. Es ist beispielsweise erstaunlich, welcher Bewußtseinswandel in der AIDS-Selbsthilfegruppe stattgefunden hat, die ich leite. Ständig sehe ich solche Veränderungen bei jedem, mit dem ich gearbeitet habe.

Das Beste, was Therapeuten, ob Mediziner oder Psychologen, tun können, um ihren Klienten am meisten zu helfen, ist, sich selbst zu lieben. Wenn Therapeuten sich wirklich so annehmen, wie sie sind, fällt es ihnen leicht, ihren Klienten zu vermitteln, es ihnen gleichzutun. Wenn sie sich selbst nicht lieben, helfen weder das ganze Gerede noch sämtliche Methoden der Welt.

Wie fangen wir dies an? Als erstes müssen wir aufhören, uns

selbst zu kritisieren, denn Kritik hilft nicht – sie führt nur dazu, daß wir in unseren Problemen steckenbleiben. Wenn wir bereit sind, uns selbst zu lieben und anzunehmen, können wir Veränderungen herbeiführen.

Zum großen Teil bedeutet, uns selbst zu lieben, uns so anzunehmen, wie wir sind. Die meisten von uns haben lange Listen im Kopf, was wir alles tun müssen, bevor wir uns selbst lieben können. Wir müssen abnehmen, eine neue Stelle annehmen, eine Gehaltserhöhung bekommen oder eine neue Beziehung, ein neues Auto oder eine neue Wohnung haben. Aus all diesen Gründen können wir uns nicht lieben. Und wenn wir sie erreicht haben, lieben wir uns trotzdem immer noch nicht. Wir erstellen eine neue Liste der Gründe, warum wir uns doch nicht akzeptieren können.

Wenn wir uns so lieben und annehmen, wie wir sind, bedeutet dies nicht, daß wir uns nicht ändern werden. Vielmehr bedeutet es, wir werden uns ändern, indem wir mit der Vorstellung beginnen: »Das möchte ich gerne tun«, anstatt mit »Was bin ich doch für ein schlechter Mensch, weil ich dieses Problem habe« – ich esse zuviel, trinke zuviel usw. Die positive Vorstellung, bei der man offen für Möglichkeiten ist, hat eine viel stärkere Wirkung als die negative.

Der Unterschied mag nur sehr klein erscheinen, aber er ist sehr bedeutsam. Es ist der Unterschied zwischen dem Gefühl, daß wir schlecht sind und etwas falsch machen, und dem Gefühl »So bin ich nun einmal, und ich glaube, ich möchte gerne ein paar Dinge verändern«.

In meinen Veröffentlichungen habe ich gelegentlich den Vorschlag gemacht, das Wort »sollen« durch das Wort »können« zu ersetzen. Das ist wirklich eine Kleinigkeit. Aber wenn sich die Menschen damit beschäftigen, trägt es oftmals zu der Erkenntnis bei, wie starr ihr Denken ist. Viele von uns haben genaue Vorstellungen davon, wie es sein *sollte*, anstatt daß wir uns erlauben, das zu genießen, *was ist*.

Wir erzeugen auch viele sogenannte Krankheiten in uns. Wir bringen unseren Verstand und unseren Körper tatsächlich dazu,

so sehr aus dem Gleichgewicht zu kommen, daß unser Leben zerschlagen wird. Oberflächlich betrachtet, ist dies sehr negativ. Aber es kann auch ein Vorteil sein, ein Lernprozeß, der aus der Krankheit resultiert, wenn wir bereit sind, dies zu erkennen.
Ich glaube, wir können in vielen Fällen aus unseren Problemen Nutzen ziehen. Aber andererseits glaube ich nicht, daß wir uns wirklich erst Probleme schaffen müssen. Sicherlich, wenn wir ein Problem schaffen und uns dann entscheiden, Nutzen daraus zu ziehen, ist dies eine wunderbare Sache. Aber ich glaube, es gibt auch noch andere Möglichkeiten zu lernen. Ich weiß, daß es lange Zeit sehr populär und sogar gesellschaftlich akzeptiert war, aus dem Leiden zu lernen. Aber offen gesagt halte ich dies nicht für notwendig.
Ich bin gefragt worden, welchen Rat ich Therapeuten geben würde, die über ihre jeweiligen Techniken hinauswachsen wollen, um welche Technik auch immer es sich dabei handelt, um herauszufinden, wie ihre Arbeit eine tiefgreifende Wirkung erzielen kann. Im Grunde genommen glaube ich, dies ist eine individuelle Angelegenheit. Aber es gibt einen Aspekt, den sie dabei beachten könnten. Ich bin ein einfacher Mensch und habe mit den Jahren gelernt, daß das einzige, was den Unterschied ausmacht, die Bereitschaft ist, uns selbst zu lieben. Ich schlage daher vor, Therapeuten sollten so viel wie möglich daran arbeiten, und nicht nur nach neuen Techniken suchen.
Ich selbst verwendete eine Menge Techniken. Aber erst als ich bereit war, mich selbst anzunehmen und meinen Selbsthaß aufzugeben – und das zu leben, was ich lehrte –, begann ich wirkliche Erfolge bei den Menschen zu erzielen. Wenn ich heute einen Workshop abhalte, handelt es sich dabei wirklich um eine sehr einfache Sache. Wenn Sie die Teilnehmer fragen würden: »Was habt ihr gemacht?«, gäbe es nicht viel zu erzählen. Aber wenn Sie sie nach den Resultaten fragen, ist es etwas ganz anderes.
Ich versuche den Menschen immer zu zeigen, wie sie sich nicht lieben. Dann stelle ich die einfache Frage: »Bist du bereit, dieses Verhalten aufzugeben? Oder möchtest du es beibehalten?« Sie haben immer die Wahl. Sie machen niemals einen Fehler, wenn

sie sich dafür entscheiden, das Verhalten noch für eine Weile beizubehalten.

Ich weiß nicht mehr, wie ich mit dieser Arbeit begann. Es passierte einfach. Als ich noch private Sitzungen mit meinen Klienten abhielt, war ich sehr darauf bedacht zu festigen. Ich konnte den Klienten helfen, ihren Körper, ihr Bankkonto, ihre Beziehungen oder ihre Stellung zu festigen, und dann entdeckte ich eines Tages, daß ich dieses ganze Festigen nicht brauchte, wenn ich den Menschen beibrachte, sich zu lieben. Denn wenn man sich wirklich liebt, hört man automatisch auf, sich selbst Probleme zu schaffen.

Ich gelangte zu der Erkenntnis, daß jemand, der sich wirklich liebt, ganz einfach keine Probleme haben würde. Wenn wir im Leben Probleme haben, wie sie jeder von uns auch hat, dann zeigen sie uns nur, wo wir noch nicht in Harmonie sind. Dies zu entdecken ist die wahre Aufgabe eines Heilers oder einer Heilerin. Es geht über das Festigen, ja sogar über die Therapie hinaus.

Es gibt keinen Grund dafür, warum diese Einstellung nicht auch von einem Arzt oder Psychotherapeuten vertreten werden könnte. Ich habe beobachtet, was mit Bernie Siegel passiert ist, der das Buch »Liebe, Medizin und Wunder« geschrieben hat. Wir arbeiteten zusammen, so daß ich ihn aus erster Hand beobachten konnte. Er kam mit dem typischen Denkmuster der Mediziner aus der Ausbildung. Mit der Zeit erlaubte er seinen Patienten, ihn zu lehren, was zu einer wirklichen Heilung beiträgt. Ich hörte, wie er sagte, das wirkungsvollste unter den bekannten Stimulanzien des Immunsystems sei die Liebe, und daß Liebe heilt. Nun könnten wir fragen, wenn Liebe das Immunsystem stärkt, was schwächt es? Vielleicht werden wir es eines Tages herausfinden.

Es würde mich freuen, wenn das Heilen dazu beitragen würde, eine Welt zu schaffen, in der es für jeden von uns ungefährlich ist, wenn wir uns gegenseitig lieben. Dies würde viele Probleme beheben. Um diese Welt zu schaffen, müssen wir alle unser Leben leben. Ich glaube, es ist die Pflicht der Therapeuten, ihr

Bestes zu tun, sich gegenseitig zu helfen. Ich höre niemals auf zu lernen. Es gibt immer noch mehr, was ich lernen kann, und mehr, als ich befreien kann. Meine Botschaft ähnelt der Goldenen Regel: Behandle andere so, wie du gerne behandelt werden möchtest. Wir vergessen, daß dies in Wirklichkeit bedeutet, unseren Mitmenschen die Liebe und Akzeptanz zukommen zu lassen, die wir selbst gerne empfangen würden.

Als Kinder wollten wir mehr als alles andere auf der Welt so geliebt und angenommen werden, wie wir sind. Dasselbe wollen wir immer noch, nur daß wir es solange nicht bekommen, bis wir bereit sind, es an erster Stelle uns selbst zu geben und erst dann den anderen. Für mich ist dies die Basis für die Heilung der Welt. Wir zeigen immer mit dem Finger auf andere Gruppen und meinen, sie müßten es anders machen. Aber *wir* sind die Regierung, die Kirchen, die Ärzte. Die Veränderungen müssen durch uns herbeigeführt werden. Wenn genug Menschen bereit sind, so zu leben, werden wir meiner Meinung nach Frieden auf Erden haben. Und dann werden wir beginnen, unser wirkliches Potential zu entdecken.

Wenn wir aufgehört haben, uns selbst zu kritisieren, besteht der nächste Schritt darin, gütig, freundlich und geduldig mit uns zu sein. Wir lernen viel Neues und wir können nicht alles an einem Tag lernen. Ich glaube, wir müssen uns auch viel loben. Kritik nimmt uns den inneren Schwung. Lob hingegen baut uns auf. Wir müssen unsere negativen Verhaltensmuster liebevoll betrachten, weil wir sie erschaffen haben, um ein Bedürfnis zu erfüllen. Wenn wir uns deswegen nicht herabsetzen, können wir eine positivere Möglichkeit finden, diesem Bedürfnis gerecht zu werden.

Wir müssen für unseren Körper sorgen und ihn als wertvollen Besitz behandeln. Wir müssen etwas über Ernährung und Sport lernen. Wir müssen darauf achten, welchen Treibstoff wir in unseren Körper füllen und welche Resultate dies erzielt.

Ich bin auch ein großer Anhänger der »Spiegel-Technik«. Meiner Meinung nach ist es sehr hilfreich, vor dem Spiegel Affirmationen zu sagen wie zum Beispiel »Ich liebe dich«, um unseren

Selbsthaß zu beseitigen. Ich bitte die Menschen gerne, morgens aufzustehen und sich selbst in die Augen zu schauen und zu sagen: »Ich liebe dich. Was kann ich heute tun, um dich glücklich zu machen?«

All diese Übungen sind sehr einfach, doch wir praktizieren sie nicht. Wenn die Leute zum ersten Mal zu mir kommen, frage ich sie, ob sie schon einmal so einfache Dinge ausprobiert haben. Keiner hat dies getan. Ich erinnere mich daran, daß die Menschen ja nicht zu mir kommen, weil ihr Leben voller Freude ist. Dann begegne ich immer mehr Menschen, die mir danken, weil ihr Leben jetzt voller Freude ist, und sie das Gefühl haben, ich sei ein Sprungbrett auf ihrem Weg gewesen. In Wirklichkeit tue ich für keinen etwas. Die Leute tun es für sich selbst. Aber sie sind der Meinung, ich hätte etwas damit zu tun, daß sie jetzt das haben, was sie sich gewünscht hatten. Genau das ist wichtig: daß sie das bekommen, was sie wollen. Wer weiß? Vielleicht hilft es, hin und wieder ein Sprungbrett zu haben.

Louise L. Hay, Dr. theol., ist eine metaphysische Beraterin und Lehrerin, die wegen ihrer Workshops und Bücher über die Verwendung von Affirmationen, Visualisationen, Meditation und Vergebungsübungen in weiten Kreisen bekannt geworden ist. Veröffentlichungen: »Ein Garten aus Gedanken« (Freiburg: Alf Lüchow, 1991); »Gesundheit für Körper und Seele« (München: Heyne, 1989); »Heile Deinen Körper« (Freiburg: Alf Lüchow, erw. Neuausg. 1989); »Herzensweisheiten« (Freiburg: Alf Lüchow, 1991); »Das Körper- und Seele-Programm« (München: Heyne, 1991); »Liebe deinen Körper« (Freiburg: Alf Lüchow, 1990); *u.v.a.*

TEIL 2

Die Rückkehr zur Ganzheit

Etwas, das wir uns versagten, schwächte uns.
Bis wir merkten, daß wir es selbst waren,
was wir uns vorenthielten.

Robert Frost

Ganzheit oder Gesundheit ist unser natürlicher Zustand. Heilung beinhaltet, daß wir alles beseitigen, was diesem natürlichen Zustand im Wege steht, und daß wir die Menschen wieder in Einklang mit sich selbst und ihrer Welt bringen. Wenn wir frei von diesen Behinderungen sind, führen uns unsere angeborene Intelligenz und unsere Fähigkeiten zur Selbstregulierung zu einem Zustand des Wohlbefindens.

Obwohl jeder der Autoren dieses Teils einen unterschiedlichen philosophischen Standpunkt vertritt, verstehen sie ihre Rolle als HeilerInnen in dem Sinn, diejenigen, die aus der Harmonie geraten sind, auf den richtigen Weg zu führen, um die Harmonie und die Ganzheit in ihrem Leben wiederherzustellen. Die Autoren erläutern, wie Heilung über Geist, Körper und Seele des Individuums hinausgehen und die familiären Beziehungen und eventuell sorgar die globalen Disharmonien positiv beeinflussen kann.

RICHARD MOSS
Das Geheimnis der Ganzheit

Keiner von uns steht dem Heilen gleichgültig gegenüber. Wenn wir gesund sind, spüren wir nur selten die unglaubliche Dynamik der Lebendigkeit in uns und erkennen nicht, daß unser Gefühl des Lebendigseins in der Tat eine äußerst empfindliche Angelegenheit ist. Wenn uns die Illusion der Unsterblichkeit durch Krankheit genommen wird oder das Ego sich in der großen Flut der Existenz auflöst, sind wir mehr schockiert, als wir uns je hätten vorstellen können. Dann erscheint uns sogar Geschirrspülen wie ein Wunder.
Wenn wir wieder gesund sind, wenn wir uns von einem neuen Gefühl der Identität durchdrungen fühlen und unsere Leistungsfähigkeit wiederhergestellt ist, so daß unser Leben wieder einen Sinn hat, sind wir dankbar – und noch mehr als das. Wir sind mit uns selbst in Berührung, als wäre es zum ersten Mal.
Nun sprechen wir von Heilung. Wir wollen verstehen, was das ist, und dieses Geschenk vielleicht mit anderen teilen. Aber was ist Heilung? Ist es nur die Rückkehr zu einem vertrauten und erfüllenden Leben? Ich glaube nicht. Für mich ist Heilung der Ort, den T.S. Eliot als »die Überschneidung der Zeitlosigkeit mit der Zeit« bezeichnete. Dies ist mehr als eine poetische Umschreibung. Vielmehr handelt es sich um eine Alchemie in unseren Zellen. Heilung ist ein flüchtiger Einblick in den universellen Prozeß der Inkarnation. Unser Leib schwingt in einer größeren Verbundenheit mit dem Leben.
Als ich noch ein konventioneller Arzt war, genügte es mir, Heilung als die Wiederherstellung von Gesundheit zu betrachten. Aber heute weiß ich, daß Heilung viel mehr ist als die Rückkehr in einen früheren Zustand. Wahre Heilung bedeutet, unseren Lebenskreis zu erweitern und eine alles umfassende Liebe zum

Ausdruck bringen zu können. In diesem Sinn werden nicht nur die Kranken geheilt, sondern die ganze Menschheit.

Warum ist Heilung oftmals mit Leiden verbunden? Dies ist das große Drama der Materie, die zum Geistigen aufsteigt, und vom Geist, der sich in der Materie inkarniert. Ist unser Leid der Vorgang, durch den alte Erinnerungen, die in uns vergraben sind, allmählich ins Bewußtsein aufsteigen? Wenn es kein Leid gäbe, bräuchten wir unseren Körper auf der Reise der Transformation nicht mehr (wie uns viele glauben machen wollen). Wir könnten als ätherisches Wesen davonfliegen und alles wäre glücklich und vollkommen.

Aber es ist viel erstaunlicher, daß wir nicht davonfliegen. Unser Bewußtsein entwickelt sich genau deshalb, weil wir uns nicht von unserem Körper befreien können. Das Bewußtsein ist ebenso sterblich und an die Erde gebunden wie die Menschheit. Alle großen metaphysischen Wahrheiten werden in dem Paradox des Transformationsprozesses des Lebens lebendig. Dies ist eine große Herausforderung, der wir uns nur selten stellen. Doch hin und wieder einmal gerät einer von uns mitten in dieses geheimnisvolle Drama hinein, und in solchen Momenten geschieht Heilung. Und die größte Heilung bringt uns stärker in Kontakt mit dem Leben.

Nachdem ich den Transformationsprozeß jahrelang erforscht hatte und Zeuge vieler Heilungen geworden war, gelangte ich zu einigen Erkenntnissen, die auf die Kräfte hindeuten, die allen Heilungen zugrunde liegen. Doch ich sollte Sie davor warnen, daß jede Erkenntnis ebenso sehr zu einer Last werden kann wie zu einem Geschenk. Wenn man in Worte faßt, was zuvor geheimnisvoll war, verliert man eine gewisse Unschuld oder Anmut. Sobald man einen Blick auf die Wahrheit erhascht, verschwindet sie auch schon wieder. Letztendlich muß Heilung ein endloser Prozeß der Beziehung und Wiederentdeckung von einem Augenblick zum nächsten sein. Je mehr wir über Heilung »wissen«, desto mehr nähern wir uns gleichzeitig dem Unbegreiflichen. Aus diesem Grund ist Heilung im wesentlichen spirituell.

Heilung ist im tiefsten Sinne ein Geheimnis. Sogar die moderne Medizin mit ihrem Anspruch der Wissenschaftlichkeit basiert auf Beobachtungen, die grundsätzlich unerklärbar sind. In einem Standardwerk der Pharmakologie wird der Leser zu Anfang daran erinnert, daß letztendlich niemand weiß, wie Medikamente wirken. Natürlich vergessen die durchschnittlichen Ärzte diesen Hinweis im allgemeinen lieber wieder und glauben tatsächlich zu wissen, was sie tun.

Es besteht kein Zweifel, daß viele dieser medizinischen Behandlungsmethoden auf vorhersagbare Weise »funktionieren«. Doch wenn wir eine bestimmte Reaktion auf eine bestimmte Behandlung erwarten, bewegen wir uns mehr auf der Ebene der Beseitigung von Symptomen als daß wir uns im Bereich des Heilens befinden. Wo das Geheimnis verleugnet wird, kann man das zunehmende, quälende Unwohlsein in den Kreisen der Mediziner spüren. Es geht nicht nur den Patienten schlecht, sondern auch den Ärzten. Wir müssen Fragen stellen und versuchen, uns und unsere Welt zu verstehen, aber wir dürfen nicht vergessen, daß am Rande unserer Erfahrung, an den Grenzen unserer Wissenschaft und unseres Denkens, immer ein großes, unlösbares Geheimnis bleibt. Meiner Meinung nach geschieht Heilung genau aus diesem Bereich heraus.

Wo auch immer wir eine neue Qualität der Ganzheit auftauchen sehen, werden wir gleichzeitig Zeuge einer Heilung. Es gibt einzigartige Menschen, die sich über die Grenzen der konventionellen Realität hinweggesetzt haben. Für mich ist dies das Erbe des Heilers, Mystikers, Schamanen und wahren Wissenschaftlers. Es sind wirklich die Früchte des Lebens dieser Menschen, welche die Menschheit schon immer geheilt haben. Diese Früchte sind die Wurzel dessen, was wir Kultur nennen. Doch jeder einzelne von uns muß den Baum des Lebens in sich selbst zur Vollkommenheit bringen. Die Kultur stirbt allmählich – ebenso wie wir –, wenn wir unbewußt von den Früchten fremder Bäume essen. Alles, was wir bisher erreicht haben, egal wie heilig oder wissenschaftlich »bewiesen« es ist, ist nichts anderes als eine Stufe, von der aus wir zu noch größeren Möglichkeiten gelangen.

Was uns gestern über das Heilen offenbart wurde, kann heute zu unserem Gefängnis werden, wenn wir für uns selbst nicht die Beziehung zum Leben finden, die immer neue Früchte hervorbringt.

Beziehungen, dies ist für mich der rote Faden. Unsere Fähigkeit zu verschmelzen, eins zu werden mit uns selbst, miteinander und mit dem Leben in einem umfassenderen Sinn, egal für wie kurze Zeit. Wo und wie auch immer Heilung geschieht, trägt sie dazu bei, den einzelnen und die ganze Menschheit in eine umfassendere, freiere Verbundenheit mit allem, was in diesem Abenteuer des Lebens geschieht, zu bringen. Die Verbundenheit ist unendlich: die Verbundenheit mit sich selbst, mit seinen Gefühlen, Gedanken, Empfindungen, Vorstellungen und Träumen; mit anderen Menschen und zwar dahingehend, wie wir das Gefühl der Getrenntheit akzeptieren und transzendieren. Und es ist die Verbundenheit mit noch etwas, egal welche Vorstellung wir davon haben: mit dem Selbst oder Gott.

Wenn wir uns mit dieser Qualität der Verbundenheit näher beschäftigen, scheint es drei Kräfte zu geben, die unsere Konditionierung durchdringen und es ermöglichen, daß ein Zustand der Harmonie zwischen unserer instinktiven und unserer spirituellen Bewußtheit hergestellt wird. Diese Kräfte sind viel mehr als Techniken zur Heilung oder Transformation. Es handelt sich um Bewußtseinsfunktionen, welche die Zeit oder den historischen Zusammenhang transzendieren. Ob Sie ein australischer Ureinwohner, ein indianischer Medizinmann, ein moderner Arzt oder Psychotherapeut sind, ob Sie sich als Heiler oder ganz normalen Menschen betrachten, Heilung beinhaltet den Tanz dieser Kräfte. Ich bezeichne sie folgendermaßen:

1. Kreative Verbundenheit: eine ursprüngliche und spontane Teilnahme am Leben, ohne zu urteilen.
2. Intensität: die Qualität der Aufmerksamkeit; die Tiefe, aus der unsere Lebensbejahung entspringt.
3. Bedingungslose Liebe: das Prinzip der Allverbundenheit und das Gefühl der ehemaligen Ganzheit.

Diese transformierenden Kräfte liefern uns neue Einsichten in den Heilungsprozeß. Nehmen wir beispielsweise den Durchbruch von Sigmund Freud. Er beobachtete das Unbewußte, so wie es sich in Träumen und anderen spontanen Phantasien ausdrückt. Indem er seinen Klienten half, den Inhalt des Unbewußten bewußt zu machen, förderte Freud die Heilung bestimmter Beschwerden. Aber der Kern dieser Leistung liegt nicht allein in seinen Ideen und Erkenntnissen, sondern vielmehr in der Art seiner Verbundenheit mit seiner eigenen Psyche und seinen Patienten.

Für mich liegt Freuds Originalität darin, daß er in einer neuen Weise *zuhörte*. Vor nicht allzu langer Zeit besuchte ich seinen Londoner Wohnsitz und stand versunken in seinem Therapiezimmer. Freud saß gewöhnlich am Kopfende der Couch und hatte seinen Kopf vom Patienten abgewandt. Ich glaube, er tat dies, um durch die normalen Sehgewohnheiten nicht abgelenkt zu werden, die das wirkliche Sehen verhindern. Freud sammelte antike Kunstgegenstände. Sein Therapiezimmer war voll mit mythischen Statuen und Symbolen. Mitten in dieser multikulturellen Atmosphäre »hörte« er andere Dimensionen. Diese Art des Zuhörens an sich repräsentiert die »kreative Verbundenheit«.

Darüber hinaus hörte Freud nicht zufällig hin. Er hörte in völliger Aufmerksamkeit und doch entspannt zu, tief aus seinem Innern heraus – Intensität zeigend. Vielleicht machte er sich erst Tage oder Monate später Notizen, denn durch das Schreiben wäre seine Aufmerksamkeit vorzeitig auf alte Vorstellungen und Verständnismuster gelenkt worden. In der Tat konnten sich seine therapeutischen Beziehungen frei entfalten und entwickeln. Er ließ Raum für unerwartete Geschehnisse, eine Beziehungsqualität, in der das Bewußtsein sich in einer völlig neuen Art und Weise ausdrücken könnte. Diese Offenheit, dieses tiefe Vertrauen in eine bisher unbekannte Möglichkeit, zeugt von bedingungsloser Liebe.

Anders als die Mehrheit seiner Kollegen hörte Freud das, was unausgesprochen blieb. Diese Art der Aufmerksamkeit bringt jeder gute Therapeut, Priester oder Heiler seinen Mitmenschen entgegen. Mit dieser Aufmerksamkeit beobachtet der originelle Denker die Klischeevorstellungen seiner Epoche. Und mit derselben Aufmerksamkeit studiert der Wissenschaftler die Phänomene, mit denen er sich beschäftigt. In diesem Zustand der Verbundenheit wird eine Heilenergie erzeugt. Der Bibelspruch: »Wo zwei oder drei oder noch mehr versammelt sind, werde ich in ihrer Mitte sein«, bringt dieses Phänomen zum Ausdruck.

Diese Qualität der Aufmerksamkeit ist unser größtes Geschenk an uns selbst und an unsere Mitmenschen. Wenn wir auf diese Weise miteinander verbunden sind, taucht eine höhere Bewußtseinsebene auf, eine höhere Dimension des Selbst. Diejenigen, die gelernt haben, diese Energie wahrzunehmen, spüren buchstäblich die Gegenwart dieser höheren Dimension. In ihrer Gegenwart werden wir auf subtile oder tiefgründige Weise transformiert. Es ist ein höherer Energiezustand, der mit einer Bewußtseinserweiterung einhergeht, die ihrerseits wiederum mit einer entsprechenden Verschärfung von Intuition und Intelligenz verbunden ist. Es ist so, als ob sich verschiedene Bewußtseinsfunktionen wie Gefühl, Denken, Handeln und Empfinden in einer neuen Ordnung des körperlich-seelischen Seins vereinigen.

Wir können die Wirkung dieser Prinzipien überall beobachten. Wenn wir das Buch *A Course in Miracles*, die Bibel, einen inspirierenden Gedichtband, ein Wissenschaftsjournal oder irgendein anderes Buch aufschlagen, das einen Wechsel unserer Perspektive bewirkt, verändert sich auch unsere Beziehung zu unserer eigenen Erfahrung. In dieser neuen kreativen Verbundenheit wird unsere Energie freigesetzt. Als Norman Cousins Lachen und Vitamin C gebrauchte, um sich selbst zu heilen, handelte es sich hierbei um kreative Verbundenheit. Sein Engagement und seine rückhaltlose Begeisterung für seine gesunde Lebensweise repräsentiert Intensität. Allein die Tatsache, daß er sich erlaubte, seinem eigenen intuitiven Heilungswissen zu folgen, und sich in einer bisher noch nie dagewesenen Art und Weise heilte, ist ein Beweis für die darin verborgene Kraft der bedingungslosen Liebe.

Aber eine Warnung: Ja, Lachen ist heilsam. Aber ist es ebenso heilsam, wenn uns jemand auffordert zu lachen, wie wenn das Lachen spontan aus unserem Innern kommt? In gleicher Weise werden mit neuen Krebs-Therapien oftmals bessere Resultate in den Institutionen erzielt, wo sie erfunden wurden, als in Kliniken, wo sie nur übernommen wurden. Die spontane, kreative Kraft einer neuen Behandlung ist heilsamer, wenn sie von ihren Entdeckern angewandt wird.

Nach außen betrachtet scheint das, was getan wird – ob wir ein Medikament einnehmen, ein Gebet sprechen, ob uns ein Heiler die Hand auflegt, ob wir Sport treiben oder eine Diät machen –, die Ursache für die Heilung zu sein, und nicht das Bewußtsein, in dem die Behandlung durchgeführt wurde. Sogar die orthodoxe Medizin begann mit einer neuen Beziehung zu unserem Menschsein und sie verdankt ihren Erfolg der Universalität des wissenschaftlichen Ansatzes. Aber die wissenschaftliche Kreativität kann allzu leicht dogmatisch werden.

Wenn wir in der Physik den Teilchencharakter des Lichts untersuchen, bricht die Wellenfunktion zusammen. Ein ähnliches Phänomen taucht bei dem Versuch zu heilen auf. Wenn wir das Phänomen des Heilens beim Namen nennen, so daß wir einen flüchtigen Einblick in seine Natur erhaschen und es für unsere eigenen Zwecke nutzen, verliert es seine allumfassende Qualität. Wenn wir in der Medizin eine neue Erkenntnis über das Heilen gewinnen, beginnen wir automatisch über ihre Anwendbarkeit, Techniken und Formeln nachzudenken. Dann sind wir auf dem besten Weg, die universelle Heilkraft einzufrieren, die wir eigentlich freisetzen wollten.

Ich habe Jahre damit zugebracht, zwischenmenschliche Interaktionen auf einem hohen energetischen Niveau zu beobachten sowie die daraus resultierende Verschmelzung und Bewußtseinserweiterung. In diesem Zustand tauchen intensive Gefühle der Liebe und des Wohlbefindens auf, es finden mystische Erfahrungen und körperliche Heilungen statt. Zuerst kommt

die tiefere Verbundenheit mit dem Leben in diesem Augenblick, und alles andere folgt ganz von selbst.
Aber das bewußte Verständnis der Kräfte, die zu einer solchen Augenblickserfahrung führen, ermöglicht nicht unbedingt eine Vereinigung in unserem Sinne, besonders weil eine Heilung angestrebt wird. Es gibt ein Element der Anmut, eine Hingabe an das Leben und seine Gesetzmäßigkeiten. Wenn ich diese Kräfte benannt habe, geschah dies in dem Versuch, über die äußerlichen Phänomene hinweg in eine universellere Dimension zu gelangen. Genau aus dem Grund, weil sich diese Kräfte nicht in unsere Begriffsvorstellungen pressen lassen, wird die Heilung oder jede fundamentale Transformation immer ein Geheimnis bleiben.
Dabei fällt mir die Bemerkung von Jesus ein, daß »niemand in den Himmel kommt, außer durch seine eigenen Bemühungen ... und in Gott alles möglich ist«. In einem einzigen Satz gibt er uns Mut und entmutigt uns wieder. Aber meiner Meinung nach haben wir die Bedeutung dieser Aussage nicht verstanden. Wir leben in einer Zeit, wo der Intellekt dem Leben so viele Geheimnisse entlockt hat. Dasselbe wollen wir mit unserer Psyche tun. Daher kommt die endlose Flut von Büchern mit Titeln, die mit »Wie man ...« beginnen, und die kurz auf der Bestsellerliste auftauchen, um schon sehr bald von der nächsten Verbesserungsformel ersetzt zu werden.
Solche Bemühungen können mit einer kreativen Verbundenheit mit dem Leben zu tun haben oder aber sie stellen eine zwanghafte Manipulation unserer eigenen Persönlichkeit und unserer Umwelt dar. Es hängt davon ab, ob wir von selbst zu der Erkenntnis gelangt sind oder versuchen, vor dem Leben davonzulaufen und uns in eine Illusion oder ein falsches Gefühl der Sicherheit zu flüchten, oder ob wir uns auf das Wunder des Lebens einlassen. Wie auch immer, wir kommen an einen Punkt, wo uns keine bewußte Anstrengung mehr eine wirkliche Heilung garantiert. Die vielen Triumphe stehen Seite an Seite mit dem tieferen Geheimnis, das uns in unserem Stolz verletzt und demütig werden läßt.

Wahre Heilung (nicht nur die vorübergehende Linderung von Symptomen oder der scheinbare Sieg der Wissenschaft über eine Krankheit) liegt niemals ganz bei uns. Jede ursprüngliche und aufrichtige Antwort auf das Leben bringt die Fähigkeit mit sich, die Energie des Bewußtseins zu verändern, und die Folge davon ist eine mehr oder weniger starke Transformation. Doch innerhalb einer solch spontanen Lebendigkeit gibt es immer etwas, das unverhersagbar bleibt, und das mit Vertrauen und Gnade verbunden ist.

Wenn wir ein Rezept geben, erzielen wir ein Resultat, aber oftmals ist die Reaktion nur vorübergehender Natur, eine Verschiebung der Symptome, ein vorläufiger Aufschub des Problems für eine gewisse Zeit. Dies bezeichne ich als Störung. Denn eine Zeitlang hat man eine neue Erkenntnis, ein neues Verständnis und neues Gefühl gewonnen, ja vielleicht sogar eine Remission der Krankheit bewirkt. Gewisse Krankheiten scheinen »kuriert« zu sein. Aber in einem tieferen Sinne ist dies keine Heilung. Das Spektrum hat sich nicht wirklich erweitert. Es kann sogar passieren, daß wir schließlich noch anfälliger für eine neue Krankheit sind, weil der Prozeß, in dem wir versucht haben, die Dinge auf unsere Weise zu ändern, verhindert, daß wir wirklich auf die Stimme des Lebens hören. Wir sind gezwungen, unsere Hoffnung auf das Königreich im Himmel zu richten, anstatt durch das Leben als Mittel zu ihm zu gelangen.

Die meisten von uns sehnen sich nach Ganzheit – ich tue dies ganz gewiß. Ich folge meinen Träumen, Phantasien und Visionen, den Signalen meines Körpers und der Qualität meiner zwischenmenschlichen Beziehungen. Ich bin bereit, meine Liebesfähigkeit zu entwickeln. Ich höre zu, so daß ich das Geheimnis meiner eigenen Persönlichkeit entschlüsseln und wieder ganz werden kann.

Doch ich weiß, daß ich nicht weiß, daß die Augenblicke der Transformation bei mir selbst und anderen nicht willentlich herbeigeführt werden können. Wie bei einem Bergsteiger, der einen Berggipfel erklimmt, weitet sich die Sicht viel schneller, als wir es begreifen können. Jede neue Erkenntnis bringt uns eine

Stufe höher, so daß sich unser Horizont erweitert. Doch es stimmt auch, daß diejenigen, die den größten Horizont haben, in gewissem Sinne die Unwissendsten sind. Was auch immer einem durch die Linse der drei Kräfte offenbart wird, Heilung bleibt ein Geheimnis und ruft uns als solches beständig dazu auf, in uns selbst nach neuen Horizonten zu streben.

Richard Moss, Dr. med., ist der Begründer und spirituelle Leiter der »Three Mountain Foundation« in Lone Pine, Kalifornien, einer nicht profitorientierten Organisation für Gesundheit und Ganzheit. Er hält Workshops und Konferenzen in ganz Nordamerika ab. Veröffentlichungen: »Illusion der Getrenntheit« (München: Goldmann, 1991); »Krankheit – Tor zur Wandlung« (Interlaken: Ansata, 1988); »Der schwarze Schmetterling. Zu den Wurzeln wahrer Lebendigkeit« (Interlaken: Ansata, 1989).

LYNN ANDREWS
Die Lebenskraft spiegeln

Heutzutage verspüren viele Menschen das starke Bedürfnis oder den Wunsch, ein ganzheitlicher orientiertes und erfüllteres Leben zu führen. Aus diesem Grund begeben sie sich in eine Therapie. Nun erhebt sich die Frage, was sie von einer Therapie haben?
Als ich meiner indianischen Lehrerin, Agnes Whistling Elk, zum ersten Mal begegnete, hatte ich ein ausgiebiges Studium der Psychologie hinter mir. Viele meiner Freunde waren Psychiater. Ich kannte Menschen, die sich der einen oder anderen gängigen Therapie unterzogen hatten, was manchmal ein außergewöhnlicher Prozeß war. Oftmals wußten sie nach Beendigung der Therapie, warum sie etwas taten oder warum nicht, doch sie machten im alten Verhaltensmuster weiter. Ich fragte einen Freund, einen bekannten Therapeuten, warum dies seiner Meinung nach passiert. Er antwortete: »Wir können den Menschen helfen zu verstehen, warum sie etwas tun, aber wir können sie nicht unbedingt ändern.«
Diese Aussage öffnete mir die Augen. Ich dachte, wenn Therapie uns nicht verändert, was hat sie dann für einen Sinn? Dies verstandesmäßig zu begreifen, ist nur ein Teil des Prozesses. Ich mußte einen Weg finden, von diesem Punkt aus weiterzukommen.
Kurz danach begegnete ich Agnes und begab mich bei ihr in die Lehre. Drei bis sechs Wochen später erkannte ich, daß sich in meinem Verhalten eine wirkliche Veränderung vollzogen hatte. Ich hörte plötzlich auf, mich selbst zu sabotieren. Ich fragte Agnes: »Wie ist das möglich, daß ich durch die Arbeit mit Dir eine solche Veränderung in meinem Leben herbeiführen kann?« »Teilweise deshalb«, antwortete sie, »weil diese Arbeit mit Deiner eigenen Erfahrung einhergeht. In Deiner Gesellschaft

ist das Wissen, das an andere Menschen weitergegeben wird, sehr oft nur geborgt. Du sitzt in einem Vorlesungssaal, die Leute erzählen Dir lauter tolle Sachen und Du machst Dir Notizen. Das Problem ist, daß Du das, was sie Dir erzählt haben, nur sehr schwer zu einem Teil Deines eigenen Traums machen kannst. Es wird keine Weisheit vermittelt. In Wirklichkeit ist Erfahrung das fehlende Glied. Wenn Du erfahren könntest, was man Dir erzählt, würde es für Dich zur Realität, anstatt nur zu einem Teil eines intellektuellen Vorgangs.«

»Aber da ist noch etwas anderes«, fuhr sie fort, »das in Wirklichkeit am wichtigsten ist. Es kommt der Aspekt des Heiligen hinzu. Du gehst nicht den Weg des Schamanen, nur um Deine Gedanken zu ordnen. Du tust es, weil Du begreifst, daß in dieser Zeit auf der Erde zu leben, bedeutet, daß Du Dich entschieden hast, Dich weiterzuentwickeln und zu versuchen, erleuchtet zu werden.«

Der Unterschied zwischen schamanistischer Psychologie und den traditionelleren Therapien besteht darin, daß erstere einen Aspekt des Heiligen beinhaltet. Die meisten Therapien schweigen sich über den Prozeß der Erleuchtung aus, weil die Therapeuten meinen, dies gäbe der Therapie einen religiösen Beigeschmack. Seltsamerweise sprechen aber auch die meisten Weltreligionen nicht darüber.

Der Weg des Schamanismus ist der Prozeß der Ganzwerdung, so daß man durch sein eigenes Vorbild lehrt, sich dadurch wiederum weiterentwickeln und einen viel höheren Bewußtseinszustand erreichen kann. Es ist schwer, dies alles in Worte zu fassen, teilweise weil die englische Sprache sehr arm ist, wenn es darum geht, den Prozeß der spirituellen Entwicklung zu beschreiben. Englisch ist eine pragmatische Sprache, die sich mit der Welt der Spiritualität sehr schwer tut.

Wenn man sich daran erinnert, daß sich eine Kultur aus der Sprache entwickelt, die sie spricht, anstatt umgekehrt, wird verständlich, warum sich so viele Menschen im Westen dem Osten zuwenden, um dort Wissen zu erlangen. Vielleicht ist das auch der Grund dafür, warum in der westlichen Medizin die Chirurgie und Medikamente eine wichtigere Stellung einnehmen als alte Heiltraditionen.

Ein Heiler heilt nicht wirklich. Vielmehr liefert er uns einen Spiegel. Wir sind niemals wirklich in der Lage, einem anderen zu helfen. Wir können den Menschen nur helfen, sich selbst zu erkennen. Wenn Menschen Hilfe bei uns suchen, suchen sie in Wirklichkeit oftmals nur Unterstützung für die Neurosen, an denen sie bereits leiden. Im Grunde genommen tue ich nichts anderes, als die Menschen so zu sehen, wie sie sind, und ihnen dieses Bild zu spiegeln. Wenn das Bild stimmt und sie es erkennen können, können sie daraus lernen und entscheiden, ob sie sich ändern wollen. Dann spiegle ich ihnen ein Bild dessen, wozu sie sich entwickeln könnten. Was sie damit machen, ist allein ihre Entscheidung.

Stellen Sie sich vor, daß wir alle Eisberge wären, die auf dem Meer der Erleuchtung schwimmen. Als Eisberg sehen wir hinab auf den Ozean der Erleuchtung und verspüren den Wunsch, selbst ein Teil von ihm zu sein. Dann entdecken wir, daß auch wir aus Wasser bestehen, mit dem Unterschied, daß es gefroren ist. Wir sind genau wie das Meer. Der einzige Unterschied ist die Temperatur. Wenn wir den Mut dazu aufbringen, beginnen wir uns zu fragen, warum wir so kalt sind. Wenn wir uns tief auf diese Frage einlassen, werden wir früher oder später einen Lehrer aufsuchen, und ihm bestimmte Fragen stellen. Und der Lehrer wird uns einen Spiegel vorhalten. Wenn wir den Mut dazu haben, werden wir in diesen Spiegel blicken und die unzähligen Wege sehen, wie wir unsere wertvolle Lebenskraft verlieren. Wir sind wie ein Sieb mit vielen verschiedenen Löchern, durch die unsere natürliche Lebensenergie oder Wärme sickert, und deshalb sind wir so kalt. Wenn wir diese Löcher verschließen, behalten wir unsere Kraft. Wir erwärmen uns, und der Eisberg schmilzt und löst sich im Meer der Erleuchtung auf.

Die Lebenskraft fließt durch die Löcher, die wir in unser Leben machen, und zwar durch Abhängigkeit – wie ich es nenne. Abhängigkeiten sind die Methoden, mit denen wir uns selbst zum

Narren halten. In der Tat führen wir uns umso mehr an der Nase herum, je intelligenter wir sind. Wenn wir nicht rauchen, Alkohol trinken oder Drogen nehmen, glauben wir, alles wäre in Ordnung mit uns, weil wir nicht abhängig sind. Aber möglicherweise leiden wir an anderen Abhängigkeiten, die sogar noch heimtückischer sein können. Gewöhnlich sind die emotionellen Abhängigkeiten am schlimmsten, wie zum Beispiel die Abhängigkeit von der Traurigkeit, vom Chaos oder dem Gefühl, nicht gut genug zu sein.

Um welche Abhängigkeit auch immer es sich handelt, sie verursacht den Verlust von Lebenskraft. Deshalb beschließen wir, etwas dagegen zu tun. In diesem Fall konsultieren die Leute Menschen wie mich. Meine Aufgabe besteht nun darin, ihnen ihre Abhängigkeiten zu zeigen. Dann können sie beschließen, etwas dagegen zu unternehmen.

Ich glaube, daß alle Lebewesen auf diesem Planeten in der einen oder anderen Weise erleuchtet werden wollen. Doch gleichzeitig haben sie häufig unbewußt am meisten Angst vor dieser Erleuchtung.

Nehmen wir einmal an, Sie sind Raucher. Wenn man raucht, raten einem die Leute gewöhnlich, das Rauchen aufzugeben. Niemand stellt jemals die Frage, warum Sie diese Abhängigkeit haben. Die Leute beschäftigen sich nur mit der Tatsache, daß Sie sie haben. Der Grund, warum Sie abhängig sind, besteht darin, Lebenskraft zu verlieren, so daß keine Gefahr besteht, jemals erleuchtet zu werden.

Wenn man Lebenskraft verliert, verliert man buchstäblich Wärme. Deshalb wird man kalt. Wenn man zum Beispiel das Rauchen aufgibt, und plötzlich die Lebenskraft behält, die man vorher verloren hat, wird man allmählich wärmer. Dies ist ein völlig neues Gefühl. Wir nennen es »die Kraft behalten«. Wenn dies geschieht, wenn dieses unbekannte Gefühl auftaucht, geraten die Leute in Panik und suchen fieberhaft nach einer neuen Abhängigkeit. Jemand, der das Rauchen aufgibt, beginnt gewöhnlich, übermäßig viel zu essen, oder er wird sofort von etwas anderem abhängig. Die Menschen brauchen die Abhängigkeit, weil sie Wärme angespeichert haben, die sie wieder loswerden müssen.

Wenn ich mit Menschen arbeite, kann ich gewöhnlich gewisse Dinge sehen, Farben oder andere Zeichen ihres Energiefeldes, die darauf hinweisen, was sie sich selbst antun. Diese Erkenntnis kann ich dem Betreffenden nicht einfach ins Gesicht sagen – dies nützt niemandem etwas. Jeder muß dies selbst entdecken. Sogar Menschen mit einem sehr rudimentären Wissen vom Geist wissen dies. Im Schamanismus ist eine Menge Psychologie verborgen.

Schamanismus ist eine alte Heilweise. Es gab sie wahrscheinlich schon vor 100.000 Jahren. Sie ist effektiv und pragmatisch. Anfangs heilt sie mit der Psychologie des Individuums und später geht sie zur spirituellen Seite über.

Ich finde es merkwürdig, daß viele Menschen, die mit spiritueller Arbeit und dem Heilen zu tun haben, ihren Körper wegwerfen möchten und der physischen Ebene entfliehen wollen oder sie ablehnen. Sie halten Geld für etwas Schlechtes, und alles, was mit der physischen Ebene zu tun hat, für ebenso schlecht. Doch wir haben uns aus einem bestimmten Grund dafür entschieden, in einer physischen Dimension geboren zu werden. Wir müssen bewußt in der physischen Welt leben. Dies bedeutet nicht, daß wir unseren Körper ablehnen müssen. Vielmehr bedeutet es, unseren Körper zu verstehen und ihn mit großer Achtung zu behandeln. Und es bedeutet, mit einem Gefühl der Heiligkeit mit Geld und anderen Attributen des physischen Lebens umgehen zu lernen.

Heute praktizieren viele Menschen die verschiedensten Therapien oder Techniken. Eine wachsende Anzahl von Menschen scheint sich der Notwendigkeit bewußt zu sein, über die reine Technik hinauszugehen, und sich darüber klarzuwerden, was wirklich wichtig ist, und wodurch ihre Heilmethoden eine tiefgreifende Wirkung erzielen können. Ich glaube, es ist sehr wichtig, in irgendeiner Weise den Aspekt des Heiligen in diese Arbeit zu integrieren.

Für jeden bedeutet das Heilige etwas anderes. Für die einen ist es das Judentum, für die anderen das Christentum und wieder andere beschäftigen sich mit dem Schamanismus. Ich halte den Schamanismus deshalb für eine so wunderbare Lehre, weil er die Menschen wieder in Kontakt mit der Erde und dem weiblichen Aspekt ihrer Persönlichkeit bringt. Wenn wir uns umsehen, erkennen wir, daß die Welt schrecklich aus dem Gleichgewicht geraten ist. Wir haben in einem Patriarchat gelebt, und diese lineare Lebensweise hat uns schrecklich aus dem Gleichgewicht gebracht. Wenn wir davon sprechen, das Gleichgewicht auf der Erde wiederherzustellen, sprechen wir von dem fehlenden Element, nämlich dem *weiblichen Bewußtsein*. Damit will ich nicht sagen, daß die Frau besser ist als der Mann. Ich beziehe mich damit vielmehr auf *einen Teil unseres inneren Selbst*. Ich glaube ganz einfach, es ist ein Teil unserer Aufgabe hier, die Harmonie *auf der Erde* wiederherzustellen. Vielleicht ist dies das höchste Ziel des Heilens.

Wenn wir vom Heilen reden, sprechen wir von Ganzheit. Es gibt keine Ganzheit ohne einen Aspekt der Heiligkeit. Wie Agnes sagt, kommen wir auf diesen »Erdenweg« wie ein zerbrochener Spiegel, wobei jeder Splitter das Licht des Großen Geistes reflektiert. Unser ganzes Leben lang versuchen wir, diese Teile wieder zu einem Ganzen zusammenzufügen – zu einem wirklichen Mandala.

Die eigene Erfahrung ist von entscheidender Wichtigkeit. Heilung ist kein passiver Vorgang. Wenn mich die Leute nur für eine Stunde aufsuchen, ist es schwierig, in dieser kurzen Zeit ein Gefühl dieser Erfahrung hervorzurufen, aber es ist dennoch möglich. Wenn man den Menschen hilft, zu ihrem eigenen Wohl etwas von sich zu entdecken, kann dies eine sehr intensive Erfahrung sein.

In den letzten Jahren hat sich die Psychotherapie sehr stark weiterentwickelt. Immer mehr Menschen erkennen, daß wir etwas Neues hinzulernen müssen. Einige Therapeuten haben natürlich Schwierigkeiten mit der Vorstellung, etwas, das als »heilig« bezeichnet wird, in ihre Arbeit miteinzubeziehen. Ich weiß nicht, ob der Grund dafür darin liegt, daß sie Atheisten sind, oder darin, daß sie ganz einfach Angst haben. Was auch immer der Fall ist, sie erschweren sich ihre Arbeit unnötig. Andererseits halte ich mich selbst nicht für eine Therapeutin. Ich führe eine Art spirituelle Beratung durch. Wenn ich kann, lehre ich die Menschen etwas. Ich versuche, alles Notwendige in meine Arbeit zu integrieren. Wenn ich heile, scheine ich mehr an dem gemeinsamen Nenner teilzuhaben, der es mir ermöglicht, anderen Menschen zu helfen. Mit anderen Worten, ich werde mehr zu einem Spiegel für andere Menschen, und es fällt mir leichter, in ihrem Leben eine Heilkraft zu repräsentieren.

Manchmal taucht die Frage nach einer Heilung auf globaler Ebene auf. Ich glaube, weltweite Heilung beginnt bei jedem einzelnen. Ich glaube nicht, daß man in die Welt hinausgehen und wirkungsvoll heilen kann, wenn man nicht zuallererst bei sich zu Hause, bei sich selbst und seinen nächsten Mitmenschen beginnt.

Ich habe festgestellt, daß es viel wichtiger ist, mit ein oder zwei Schülern zu arbeiten und dafür zu sorgen, daß sich ihr Bewußtsein auf einer hohen Ebene entwickelt, anstatt zu versuchen, die Bewußtseinsebene einer ganzen Nation zu heben, indem man sich politisch engagiert. Früher war ich einmal politisch sehr aktiv und setzte mich für die Indianer ein, aber ich mußte erkennen, daß dies nicht besonders wirkungsvoll war. Viel wirksamer war es, Bücher in der Hoffnung zu schreiben, damit mehr Menschen zu erreichen, die dann ihrerseits wiederum ausziehen können, um die Menschen in ihrer direkten Umgebung zu heilen.

Aber auch die Zeiten ändern sich. Ich glaube, die Menschen öffnen sich in einem Maße wie noch nie zuvor in ihrem Leben. Wenn ich auf Reisen bin, sehe ich überall einen großen Wissensdurst und eine große Offenheit. Die Menschen sind gezwungen zu wachsen. Ich glaube, daß dies vielleicht mit dem drohenden nuklearen Holocaust und der Umweltverschmutzung zusammenhängen könnte. Allmählich beginnen die Menschen zu erkennen, daß sie aufwachen und begreifen müssen, daß ihre bisherige Lebensweise nicht die richtige war. Meiner Ansicht nach suchen sie nicht nur nach neuen Antworten, sondern auch nach neuen Fragen.

Das Heilen richtet sich wieder auf die Erde. Wir erinnern uns und begreifen langsam, daß es wichtiger als alles andere ist, im Einklang mit Mutter Erde zu leben. Und während wir lernen, wie wir in Harmonie auf Erden leben können, erfahren wir immer mehr über unsere eigene Psyche.

Lynn Andrews ist Autorin der Bücher »Der Flug des siebten Mondes« (München: Goldmann, 1988), »Die Jaguarfrau« (Basel: Sphinx, 1987), »Die Kristallfrau« (Basel: Sphinx, 1989), »Die Medizinfrau« (Interlaken: Ansata, 1983) *und* »Die Sternenfrau« (Basel: Sphinx, 1988), *in denen sie von ihrer Ausbildung bei einer indianischen Medizinfrau berichtet. Augenblicklich lebt sie in Los Angeles, wo sie ihre Zeit dem Schreiben, der Beratung, dem Lehren und dem Weg als Medizinfrau widmet.*

O. CARL SIMONTON

Die Harmonie der Gesundheit

Gesundheit ist der natürliche Zustand der Menschheit. Gesund zu sein bedeutet, in Harmonie mit uns selbst und dem Universum zu sein. Wenn wir uns in einem harmonischen Zustand befinden, fühlen wir uns wohler und gesünder, und verspüren mehr Lebensfreude. Wenn wir diesen Zustand nicht erkennen, ist es notwendig, dies zu tun. Darum geht es beim Heilen. Je mehr wir uns selbst in Einklang mit unserem Wesen bringen, desto gesünder sind wir. Wenn wir daran arbeiten, uns wieder in Einklang mit uns selbst zu bringen, bereiten wir uns auf unsere Heilung vor. Ich betrachte Heilung als positives und Krankheit als negatives Feedback.

Wir leben in einer Zeit, in der es mehr Heilmethoden gibt als je zuvor. Deshalb müssen wir uns folgende Frage stellen: Was ist es nun, das über diese Methoden hinaus den Heilungsprozeß wirklich fördert?

Einige Grundsatzfragen führen uns zu dem gemeinsamen Nenner aller Heilmethoden. Bringt uns die Behandlung mehr in Einklang mit unserem wahren Wesen? Hilft sie uns, mehr in Harmonie mit uns selbst und dem Universum zu kommen? Wenn ja, fördert diese Methode die Heilung. Die Qualität der Heilbehandlung und die Geschwindigkeit, in der sich die Genesung vollzieht, hängt davon ab, in welchem Maße uns die Heilmethode harmonisiert.

Selbstverständlich erweist sich eine bestimmte Heilmethode bei dem einen als wirkungsvoller als bei einem anderen. Die Frage, für welche Methode(n) man sich entscheiden soll, hängt davon ab, wer sich dieser Behandlung unterziehen will und was der Betreffende am meisten braucht. Ich verwende bei meiner Arbeit Techniken wie die gelenkte Imagination und Visualisation. Dabei versuche ich, mir die innere Weisheit des Klienten zunutze zu machen und mich mit seinem »inneren Arzt« zu verbinden.

Anhand der Musik läßt sich dies sehr gut veranschaulichen. Als ich Musik unterrichtete, bestand mein Hauptziel darin, das Potential des Schülers zu erkennen und ihm dazu zu verhelfen, sein vorhandenes Talent zu entfalten und die Fähigkeiten zu entwickeln, die ihm am leichtesten zugänglich waren. Dasselbe Prinzip wende ich beim Heilen an. Ich versuche, den Menschen zu helfen, die Charaktermerkmale zu entfalten, die bereits an der Oberfläche sind. Dies gibt ihnen die Kraft, die Wesensmerkmale zu verwirklichen, die nicht so leicht zu erreichen sind. Ich beginne also damit, in dem Klienten nach dem Positiven zu suchen, anstatt danach, was mit ihm nicht stimmt.

Wir müssen uns in Richtung auf unsere Gesundheit und unsere wahre Natur hin entwickeln. Ich vertrete den Standpunkt, daß uns alles im Universum dabei behilflich sein will, unsere Gesundheit wiederherzustellen und uns in diese Richtung zu bewegen. Diese Vorstellung können die meisten von uns nur schwer akzeptieren. Wenn wir uns an unsere innere Weisheit anknüpfen, konzentrieren wir uns bewußt auf die Unterstützung, die uns von überall zuteil wird. Wir müssen uns darauf einstimmen, um die Botschaften vernehmen zu können. Wir müssen uns jedoch daran erinnern, daß wir diesen Prozeß nicht einfach für selbstverständlich halten dürfen. Man kann leicht darüber sprechen, aber es ist unglaublich schwer, auch danach zu handeln.

Aber es ist möglich, wenn wir uns öffnen. Die Entscheidung, sich zu öffnen, ist wahrscheinlich einer der wichtigsten Schritte auf dem Weg zur Heilung. Die Vorstellung, Kontakt zu seiner inneren Führung aufzunehmen, ist nur ein Aspekt dieser Entscheidung. Es bedeutet, nach innen zu gehen, sich für die Hilfe zu öffnen und darum zu bitten. Dies stärkt den Glauben, daß uns Hilfe gewährt wird, und unser Vertrauen.

Eine der effektivsten Möglichkeiten, Vertrauen aufzubauen, besteht darin, unsere Vorstellungskraft zu nutzen. Wir können uns die Kommunikation mit einer inneren Quelle der Weisheit vorstellen und anerkennen, daß sie sowohl innen als auch außen ist. Je besser wir sie uns vorstellen, desto mehr schaffen wir eine Atmosphäre für eine völlig neue Perspektive. Je mehr wir diese neue Sichtweise akzeptieren, desto mehr Verständnis wird möglich. Diese Einstellung erlaubt uns, Krankheit zu überwinden.

Krankheit ist negatives Feedback. Sie weist uns darauf hin, womit wir besser aufhören sollten. Wenn wir Krankheit in dieser Weise betrachten, ist sie von großem Wert. Sie könnte uns beispielsweise sagen, daß wir unsere Arbeits- oder Ruhegewohnheiten ändern oder unsere Tätigkeit in Frage stellen sollen. Sie hilft uns, Verhaltensweisen aufzugeben, die unproduktiv sind. Sie trägt dazu bei, daß wir in Einklang mit uns selbst kommen. Sie zwingt uns, Hilfe zu suchen und uns mehr Liebe zuzugestehen. Krankheit ermöglicht uns, mit unseren Mitmenschen tiefere, liebevollere und kooperative Beziehungen einzugehen, anstatt uns zu isolieren.

Es ist leichter, die Gefühle zu einer Krankheit zu ändern als die körperlichen Symptome. Deshalb leuchtet es mir als Heiler ein, daß die Dinge, die diese Gefühle stärken, eine entscheidende Rolle spielen. Wenn wir herausfinden können, wodurch wir uns besser fühlen, können sich auch die körperlichen Veränderungen einstellen.

Der Heilungsprozeß ist ein kreativer Vorgang. Wir müssen sensibel sein, improvisieren und aus unserem Wissensvorrat schöpfen können, während die Entwicklung im Gang ist. Wenn wir auf unsere innere Stimme eingestimmt sind, können wir mit jeder Situation umgehen, vor die wir gestellt werden. Wir können lernen, unserem inneren Selbst zu folgen, unserem inneren Arzt, der uns sagt, wohin wir gehen sollen. Heilen ist ganz einfach der Versuch, mehr zu tun, was uns Freude macht, und weniger, was uns Schmerz bereitet. Jemand sagte einmal: »Mache die Freude zu deinem Kompaß«. Dies bedeutet, wir sollten die Dinge tun, die Freude in unser Leben bringen. Kein oberflächlicher Spaß, sondern tiefe Erfüllung.

Es ist äußerst wichtig, diese Einstellung in einem Tempo zu verinnerlichen, das uns angenehm ist. Die Menschen wollen oftmals alles zu schnell erreichen. Auch ich gehöre dazu. Ich erkenne diese Ungeduld bei meinen Patienten sehr schnell, weil wir bei anderen am leichtesten diejenigen Probleme wahrnehmen, die wir selber haben. Für diese Seite meiner Patienten, die alles zu schnell und bis zum Exzeß vorantreiben will, bin ich sehr empfänglich, weil diese Neigung ein Bestandteil meiner eigenen Persönlichkeit ist.

Dies führt uns zu der Frage der Weisheit, und besonders der Weisheit, wie man Freude integrieren kann, ohne zu übertreiben. Eines meiner Probleme besteht darin, daß ich Dinge, die mir Freude bereiten, gerne übertreibe. Ich segle bis zum Exzeß, ich treibe übertrieben viel Sport und arbeite übermäßig viel. Deshalb muß ich lernen, mehr Ausgewogenheit zu schaffen. Zum Glück bin ich von Menschen umgeben, die mich darauf aufmerksam machen, wenn ich wieder in den alten Fehler verfalle, und die mich in meinen Bemühungen unterstützen, das Gleichgewicht wiederherzustellen. Am meisten hilft mir dabei jedoch meine eigene Bewußtheit.

Unterstützung ist von entscheidender Wichtigkeit. In meinem Fall ist meine Familie ein wichtiger Teil dieser Unterstützung. Wenn sie mich nicht unterstützt, zahle ich dafür einen hohen Tribut. Wenn sie mich aber unterstützt, bereichert es mein Leben enorm. In meiner Arbeit bin ich in ziemliche Kontroversen verwickelt. In den ersten drei oder vier Jahren, in denen ich meinen Beruf ausübte, war meine Familie etwas argwöhnisch in Hinsicht auf meine Arbeit und meine Motive. Dies war eine schwere Zeit für mich. Aber als meine Eltern und Geschwister allmählich verstanden, was ich tat, und sich für meine Arbeit interessierten und sie unterstützten, wurden sie zu einer großen Bereicherung für mich. Später mußte ich noch einige andere Konflikte und Schwierigkeiten durchstehen, aber seitdem stand meine Familie hinter mir, und ich konnte mich auf sie stützen.

Ich glaube, daß die Einstellungen und Überzeugungen unserer nächsten Mitmenschen einen großen Einfluß auf unser Handeln haben. Wenn ich beispielsweise krank bin und meine Familie glaubt, daß ich sterben würde und daß es nichts gäbe, was ich daran ändern könnte, wird der Genesungsprozeß dadurch unglaublich viel schwieriger. Wenn meine Familie andererseits jedoch glaubt, ich könnte wieder gesund werden, stärkt ihre Überzeugung meine Fähigkeit, wieder zu genesen. Dies gilt für jede bedeutsame Beziehung einschließlich der Beziehung zwischen Patient und Heiler.

Die Einstellung des Heilers ist fast genauso wichtig wie die des Patienten. Ich glaube, aus diesem Grund muß man zwischen einem Arzt und einem Heiler unterscheiden. Man braucht keine Referenzen, um ein Heiler zu sein, als Arzt aber schon. Aber Ärzte sind nicht unbedingt Heiler.

Es ist wichtig, den Standpunkt des Arztes zu verstehen. Besonders wichtig ist das dann, wenn der Arzt kein Heiler ist und die Bedeutung der Einstellung zum Heilen nicht erkennt. Der Arzt wird nach den gängigen Überzeugungen der Schulmedizin ausgebildet. Wenn es dem Patienten gelingt, diese Überzeugungen nur als die Vorstellungen eines einzelnen Menschen zu betrachten, anstatt sich von der Autorität des Arztes überwältigen zu lassen und seine Ansichten für die einzige Wahrheit zu halten, kann er die Art der Hilfe, die er erhält, klarer erkennen. Dies wird sehr wichtig, wenn man versucht, anderen Menschen zu helfen, mit einem Arzt klarzukommen, der glaubt, es gäbe keine Heilungschance oder auch nur eine erwähnenswerte Aussicht auf Besserung.

Wenn Sie als Heiler dem Patienten dies begreiflich machen können, leisten Sie wirklich einen Dienst am Nächsten. Weil Sie nicht durch die Klischeevorstellungen des Arztes oder der Medizin eingeschränkt sind, können Sie dem Patienten helfen, viel mehr Nutzen aus jeder beliebigen Behandlung zu ziehen, als der Arzt je für möglich halten würde.

Wir sollten daran denken, daß man in den Ärzten nicht unbedingt den Heiler erwarten kann, wenn sie nicht dafür ausgebildet sind. Ich persönlich glaube, daß ein hoher Prozentsatz der Ärzte natürliche Heiler sind. In der Tat kann das Heilen der entscheidende Faktor sein, der viele von uns motiviert, den Arztberuf zu ergreifen. Aber nur allzu oft wird uns dieses Talent wieder aberzogen.

Es macht überhaupt keinen Unterschied, ob man von Natur aus ein Heiler ist, wenn man diese Fähigkeiten nicht auch nutzt. Wenn man einen Beruf ausübt, der von der Krankheit abhängig ist, damit man seinen Lebensunterhalt verdienen kann, fällt man sehr leicht in eine ungesunde Rolle. Wir haben schon von Psychologen gehört, die meinten, sie hätten ein berechtigtes, finanzielles Interesse daran, daß ihre Patienten in gewisser Hinsicht geistesgestört bleiben.

Ich schätze das alte chinesische Gesundheitssystem, in dem der Arzt entlassen wurde, wenn ein Patient erkrankte. In diesem Fall hat der Arzt ein berechtigtes Interesse daran, daß sein Patient gesund bleibt. Wenn der Arzt also herausfindet, daß sein Patient etwas tut, was wahrscheinlich zu einer Krankheit führen wird, liegt es ebenso in seinem eigenen größten Interesse wie in dem Interesse des Patienten, diese Verhaltensweisen zu beseitigen.

Leider herrscht in unserer heutigen Gesellschaft genau die gegenteilige Einstellung vor. Unsere Ärzte werden belohnt, wenn die Menschen krank werden.

Welche Richtung soll das Heilen in Zukunft nehmen? Ich hoffe, jedem wird bewußter, daß der Sinn der Heilung darin besteht, uns in Harmonie mit unserer Erde, unserer Umwelt und mit uns selbst zu bringen. Wenn dies zum Brennpunkt unseres Interesses wird, wird sich diese Einstellung meiner Meinung nach verbreiten und unsere gesamte Vorstellung vom Heilen beeinflussen.

Ich möchte noch einmal meine Überzeugung wiederholen, daß Gesundheit ein natürlicher Lebenszustand in Harmonie mit uns selbst und unserer Welt ist. Um diesen Zustand zu erreichen, ist überall Hilfe für uns da. Wenn wir diese Hilfe aufgrund unserer Konditionierung nicht erkennen können, müssen wir uns entspannen und zulassen, daß uns diese Tatsache offenbart wird. Für mich liegt darin der Kern des Heilens und der Kern unseres Wesens: uns einfach für unsere wahre Natur zu öffnen und dem

Prozeß des Lebens, der uns erschaffen hat und der uns führt, zu vertrauen.

Je mehr ich fähig bin zu lieben – die Bäume, die Erde, das Wasser, meine Mitmenschen, Frauen und Kinder und mich selbst –, desto gesünder werde ich sein, und werde mich so verwirklichen, wie ich in Wahrheit bin.

O. Carl Simonton, Dr. med., ist ein Pionier auf dem Gebiet der Visualisation und gelenkten Imagination in der Krebs-Therapie. Augenblicklich praktiziert er psychosoziale Medizin am »Simonton Cancer Center« in Pacific Palisades, Kalifornien Veröffentlichungen: »Prinzip Mut« *(München: Heyne, 1989); mit Simonton, Stephanie M./Creighton, James:* »Wieder gesund werden« *(Reinbek: Rowohlt, 1982).*

BROOKE MEDICINE EAGLE

Der Heilkreis

Der Ursprung des Wortes *heilen* liefert uns einen Schlüssel zum roten Faden, der allen Heilmethoden gemeinsam ist. *Heil* stammt von derselben Wurzel ab wie *ganz* und *Heiligkeit*, obwohl diese alte Bedeutung des Wortes von einem Großteil der westlichen Mediziner scheinbar vergessen wurde. Ich möchte die Lehren von der Ganzheit in meiner eigenen indianischen Tradition weitergeben, wo Heiligkeit und Ganzheit immer noch mit Heilen verbunden sind.

Oftmals führe ich die Menschen durch einen einfachen Tanz in die Heiligkeit ein. Ich lade Sie dazu ein, sich das in Ihrer Phantasie auszumalen, während ich diese Erfahrung beschreibe. Wir bilden einen Kreis, wobei jeder den Arm um die Taille seiner Nachbarn gelegt hat, und lauschen dem Klang der Trommel, die den Herzschlag von Mutter Erde wiedergibt, bis er ein Echo in uns findet. Dann geben wir dieses Echo wieder, indem wir auf den linken Fuß aufstampfen und dabei unser rechtes Knie anheben; dabei bleiben wir mit dem linken Fuß »offen« und empfindsam, das Auftreten auf die Oberfläche von Mutter Erde ist entschlossen und sanft in einem. (Wenn Sie sitzen, während Sie diese Beschreibung lesen, lehnen Sie sich bitte vor und verschaffen sich die Empfindung, mit dem linken Fuß aufzustampfen.)

Dabei konzentrieren wir unsere sogenannte *erste Aufmerksamkeit* – die Aufmerksamkeit auf unsere alltägliche, körperliche Realität. Damit unterscheiden wir links und rechts, spüren unser Körpergewicht auf der einen Körperhälfte oder der anderen, stampfen im Rhythmus der Trommel auf, spüren die Gegenwart der anderen, bewegen uns mit ihnen und finden unser Gleichgewicht. Für einige Augenblicke konzentriert sich unsere ganze

Aufmerksamkeit auf diese grundlegende und primäre »Erddimension« unseres Körperbewußtseins – weshalb sie erste Aufmerksamkeit genannt wird.

Dann beginnen wir, uns nach links zu bewegen, während wir im Rhythmus mit der Trommel aufstampfen. (Während Sie dies lesen, malen Sie es sich bitte weiterhin in Ihrer Phantasie aus; sorgen Sie für eine körperliche Empfindung, so daß die Erfahrung lebendig wird, anstatt daß Sie nur intellektuell verstehen, um was es geht.) Nun wird die erste Aufmerksamkeit noch verstärkt, da die Koordination, das Gleichgewicht und der Rhythmus noch genauer eingehalten werden müssen, wenn sich jeder im Kreis im Rhythmus mit den anderen bewegt. Wenn wir uns im gleichen Takt befinden, wobei sich jeder mühelos im Einklang mit den anderen bewegt, spüren wir, wie unsere erste Aufmerksamkeit allmählich in den Hintergrund unseres Bewußtseins tritt.

Nun stelle ich eine Aufgabe zur *zweiten Aufmerksamkeit:* Die Tänzer sollen ihre Konzentration darauf lenken, ihre linke Fußsohle weich werden zu lassen und zu öffnen, so daß sie zunehmend die Verbindung mit Mutter Erde unter sich spüren. Durch die geöffnete und sensibilisierte linke Fußsohle spüren wir unsere Verbindung zu Mutter Erde, die in jedem Augenblick unseres irdischen Lebens für uns sorgt, nicht nur, indem sie uns Nahrung, Wasser, Handwerkszeug und Obdach bietet, sondern uns auch die winzigen Zellen unseres Körpertempels schenkt, den wir bewohnen. In diesem Moment sage ich: »Laßt den Herzschlag von Mutter Erde – ihre Schwingung, ihre Energie, ihre Verbundenheit mit allen irdischen Dingen und Lebewesen durch diesen geöffneten Fuß in euch einströmen«.

Während die Trommel immer weiter schlägt, bitte ich die Tänzer nun: »Richtet eure zweite Aufmerksamkeit in Dankbarkeit und Anerkennung auf Mutter Erde. Fühlt, wie die Verbindung zwischen euch und Mutter Erde stärker wird, wenn ihr euch für sie öffnet und ihre Gegenwart in und um euch anerkennt. Mutter Erde tanzt mit euch. Bei jedem Schritt denkt an eine Zeit, wo ihr von dieser letzten unerwarteten Stufe abgerutscht seid und das Nichts unter euch gespürt habt. Und dankt Mutter Erde dafür, daß sie euch wieder auf die Beine geholfen und euch unterstützt hat.«

Wenn das Wort *Mutter Erde* zu einem einfachen Mantra geworden und in den Hintergrund unseres Bewußtseins getreten ist, sind unsere erste und zweite Aufmerksamkeit integriert. Nun kommt die *dritte Aufmerksamkeit*.

Jetzt konzentrieren wir uns nicht nur auf unsere Schritte und auf Mutter Erde, sondern auf den ganzen Kreis der Tänzer. »Fühlt euch als Teil eines Ganzen, das sich bewegt. Macht euren Kreis immer runder, ohne Ecken oder Einbuchtungen, so daß jeder mühelos alle anderen sehen kann. Achtet darauf, wie jeder einzelne sowohl führt als auch geführt wird, und jeder einzelne in dem Kreis genauso wertvoll ist wie der andere. Achtet auch darauf, daß jeder Tänzer so langsam ist wie der Langsamste und so schwach wie das schwächste Glied im Kreis.«

Diese Aufmerksamkeit gegenüber dem Einssein oder der Ganzheit wird in meiner Tradition *Heiligkeit* genannt. Wenn wir ganz werden, dehnt sich die Heiligkeit aus, so wie wir den Kreis unseres Tanzes bildlich gesprochen ausweiten können, um alle anderen Menschen miteinzuschließen. Wenn wir den Kreis noch mehr erweitern, können wir alle Tiere miteinbeziehen und mit ihnen tanzen, wobei jeder Tänzer den Namen eines Tieres ruft und es auf diese Weise in den Kreis aufnimmt. Wenn wir den Kreis noch mehr ausdehnen, können wir alle Pflanzen und dann alle Fische in ihn aufnehmen. Wir tanzen und bringen alle Lebewesen, die in der Erde leben oder auf Mutter Erde herumkrabbeln, in den Kreis hinein. Dann erweitern wir den Kreis noch mehr, bis wir auch die »Sternenwesen« und den ganzen Kosmos miteinbeziehen sowie unsere Vorfahren und die Menschen, die sieben Generationen nach uns kommen werden, bis unser Kreis schließlich all unsere Beziehungen und »Alles, was ist« umfaßt. Dies ist eine heilige Handlung.

Diese Heiligkeit macht den Kern des Heilens aus, was bedeutet, daß wir in unserem Geist und unserem Körper die Ganzheit herstellen und sie in unseren Familien, Lebensgemeinschaften und unserer Welt manifestieren müssen. Wir heilen, indem wir beginnen, bewußt den Großen Geist zu verkörpern, der in uns und allen Geschöpfen lebt. Daher besteht die Funktion des Heilers darin, die Ganzheit des Großen Geistes so zu verkörpern und zu manifestieren, daß er diejenigen, die aus dem Rhythmus gekommen sind, die in Krankheit gestolpert sind, führen und ihnen helfen kann, ihr Gleichgewicht und ihren Rhythmus wiederzufinden.

Krankheit ist wie das vorübergehende Gefühl, das wir haben, wenn wir in dem Kreis der Tänzer aus dem Rhythmus kommen. Der Heiler als unfehlbarer Tänzer hilft uns, den Rhythmus mit dem Universum wiederzufinden, indem wir die Ganzheit des Großen Geistes in uns selbst wiederherstellen.

Wenn wir die Weisheit betrachten, die überliefert ist, sehen wir, daß indianische Medizinleute vier Tage fasteten und sich reinigten. So wurden sie als erstes ganz gegenwärtig und lebendig in ihrer ersten Aufmerksamkeit; dadurch und durch andere Methoden wie Meditation im Atemkreis gelangten sie dann zur zweiten Aufmerksamkeit und in Schwingung mit der Mutter Erde, bis sie schließlich in das aufnehmende Band der Heiligkeit hineinwuchsen, bis sie bereit waren, den Geist der Ganzheit zurückzustrahlen.

Danach kann ein Kreis gebildet werden und der Kranke wird in die Mitte dieses Kreises gelegt. Die Tänzer beginnen, sich durch Vergebung von ihrer Vergangenheit zu befreien. Dann singen sie harmonisierende Lieder und bewegen sich langsam im Kreis. Sie tanzen eine imaginäre aufsteigende Spirale, wobei sie die absteigende Energie des Patienten in der Mitte anrufen und anziehen, bis der Abstieg langsamer wird, anhält und die Energie allmählich wieder nach oben steigt, zunächst mit Hilfe der Energie der Gruppe, dann aber allmählich wieder aus eigener Kraft. Zuletzt ist die Energie des geheilten Patienten wieder so stark, daß er sich in den Kreis der Tänzer einreihen kann. Diese Transformation kann einige Tage dauern und möglicherweise sind noch andere heilige Handlungen erforderlich.

Der Heiler wirkt in dem Heilkreis wie eine ruhig brennende Kerzenflamme, die durch ihr Licht das Licht in allen anderen entzündet, bis die Flammen aller Tänzer wie eine einzige Kerze brennen und die Ganzheit widerspiegeln.

Alle Formen des Heilens dienen dazu, die vorhandene Störung zu unterbrechen und den Patienten aus seinem einschränkenden Trancezustand zu wecken, indem eine tiefere Harmonie und Einheit geschaffen wird. Hierzu fällt mir ein Beispiel aus meinem eigenen Leben ein: Ich hob ein Kind auf, das auf dem Fußboden lag, wild um sich schlug und jämmerlich weinte. Ich hielt es solange im Arm, bis sich der Sturm gelegt hatte, und dann tanzte ich ein paar Schritte mit ihm, machte ein paar Drehungen, wodurch unsere Energie aufsteigen konnte, und als ich es auf seine eigenen Füße stellte, lachte es wieder.

Wenn ich einem Menschen helfe, sich mehr für die Ganzheit zu öffnen, greife ich manchmal zu außergewöhnlichen Mitteln wie zum Beispiel Fasten, Heilkräutern oder dem Rückzug in eine Höhle. Man kann jedes Mittel verwenden, das eine radikale Unterbrechung der Lebensweise des Kranken darstellt, ohne Schaden anzurichten oder unnötiges Leid zu verursachen. Dann kann der Tanz zur Wiederherstellung der Ganzheit beginnen.

Während diese radikale Unterbrechung bewirkt wird, muß der Heiler in der Lage sein, in sich selbst harmonischer und beständiger zu sein, so daß er ein Leuchtfeuer für den größeren Kreis der Tänzer ist.

Diese Art der Heilung können wir in unserem Alltag in vielerlei Hinsicht erzielen. Wir begreifen, daß unsere Gesundheit durch unsere Lebensweise erzeugt wird, und Krankheit nicht schlecht oder böse ist und uns »befällt«, sondern vielmehr ein Symptom ist, daß wir uns disharmonisch auf Mutter Erde bewegen. Diese Erkenntnis führt dazu, daß wir anfangen, uns selbst zu heilen, indem wir uns richtig ernähren, Sport treiben, eine neue Lebenseinstellung gewinnen und uns eine gesündere Umwelt schaffen, sowie unsere Energien harmonisieren und Heilmittel verwenden, welche die angeborenen Heilfähigkeiten des Körpers anregen.

Auf diese Weise wird unsere Heilung zu einem bejahenden, liebevollen Ausdruck all unserer Wesensanteile. Wir erweitern unsere Perspektive und begreifen, daß die Verschmutzung der

Erde, von der wir unser physisches Leben empfangen, der Anfang vieler Krankheiten ist. Indem wir erkennen, daß wir in Wahrheit eins mit allen Dingen sind, begreifen wir auch, daß wir uns selbst zerstören, wenn wir zulassen, daß andere Menschen getötet werden oder die Natur zerstört wird. Diese Erkenntnis ist der Beginn wahrer Heilung, was bedeutet, daß wir mit dem Gesetz des Schöpfers in Einklang kommen, das lautet: *Ihr sollt in dem Großen Kreis des Lebens in einer guten Beziehung miteinander und mit allen Geschöpfen und Dingen leben.*
Laßt uns voller Freude den heilenden Tanz des heiligen Kreises mittanzen.

Brooke Medicine Eagle, M. A., ist eine indianische Medizinfrau, Lehrerin, Autorin und Künstlerin. Darüber hinaus unterrichtet sie die Feldenkrais-Methode und ist als »Ropes Course Facilitator« tätig. Ihre Visionen und Lehren wurden in folgenden Veröffentlichungen dokumentiert: »Shamanic Voices«, »Shape Shifters«, »The Spiral Path« *und* »The Shaman's Path«. *In ihrem Buch* »Buffalo Woman Comes Singing« *sind ihre erdverbundenen Lehren detailliert dargestellt.*

THORWALD DETHLEFSEN

Die Integration des Schattens

Der menschliche Weg, der ein kreisförmiger ist, beginnt und endet in der Einheit. Einheit ist das, was zwingend hinter der Vielheit der Welt steht. Wir finden uns als Mensch innerhalb der Vielheit vor. Es gibt ein »Ich« und ein »Nicht-Ich«, es gibt »das Ich« und »das andere«, »Ich« und »die Welt« und auch die Welt, wenn wir sie betrachten, zerfällt in Vielheit, zerfällt in Unterscheidbares. Wenn es Unterscheidbares gibt, wenn es Vielheit gibt, dann muß es hinter der Vielheit Einheit geben.

Das ist ein logischer zwingender Schluß, denn die Vielheit kann nur aus der Einheit entstehen, ist sozusagen eine zerbrochene Einheit. Einheit ist aber in der Vielheit nicht erkennbar. Die Vielheit ist ja gerade dadurch definiert, daß wir nicht in der Einheit sind, denn Einheit heißt Ununterscheidbarkeit, bedeutet die Gemeinsamkeit des Seins. Wir finden uns also in der Vielheit vor oder, reduziert gesprochen, in der Polarität. Polar sein heißt aber: nicht ganz sein, nicht eins sein, heißt: nicht heil sein.

Das Unheilsein des Menschen ist also sein metaphysisches Erbteil, sein Hintergrund, ist das, was die Theologie ursprünglich als die Erbsünde bezeichnete und was überhaupt nichts mit Gut und Böse und Wertung zu tun hat. Sondern dieses Nicht-eins-Sein, Nicht-vollkommen-Sein, Nicht-das-Ganze-Sein, zum Ganzen keinen Zugang haben, sondern sich als abgesondertes Etwas vorzufinden, sich in der Vielfalt vorzufinden, das ist letztlich unser Unheil. Das ist das, was uns krank macht, sterblich macht, anfällig macht, das, was unser menschlich irdisches korporales Dasein zum Scheitern verurteilt. Deswegen ist es seit altersher Sache der Religion, einen Heilsweg anzubieten. Ein Heilsweg meint: den Menschen zurückzuführen zu seinem Ursprung, zum Ganzsein, zum Einssein, zum kosmischen Bewußtsein, zur Voll-

kommenheit. Das meint Heilung, wenn wir sie wörtlich verstehen. Nicht umsonst haben die Worte heilen und Heilung im Deutschen eine sprachliche Verwandtschaft zur Heiligung, zum Heil auch im religiösen Sinne. Menschsein ist also mit Polarsein, mit Unheilsein und damit mit Kranksein aufs engste verknüpft.
Wenn wir einen Schritt ins Konkrete tun, dann heißt dies, daß wir als Mensch, als der wir uns in der Polarität vorfinden, ständig gezwungen sind, zwischen zwei Möglichkeiten zu entscheiden. Wann immer wir handeln wollen, müssen wir uns entscheiden, lassen wir eine Möglichkeit der Polarität unbearbeitet, ungelebt zurück. Tue ich das eine, dann kann ich eben nicht gleichzeitig das andere tun.
Psychologisch gesehen sprechen wir von der Entstehung des Schattens, d.h. mit jeder Entscheidung tun wir das eine und lassen das andere unberücksichtigt zurück; es entsteht die Sammlung des Ungetanen, und wir nennen das psychologisch »den Schatten«. Oder anders formuliert: Der Schatten ist das, womit wir uns in unserem Ich-Bewußtsein nicht identifizieren. Zu vielen Dingen sagen wir: »Ich«. Ich bin pünktlich, ich bin zuverlässig, ich bin dieses, ich bin jenes. Und dann gibt es die Summe der Gegenpole, zu denen wir »Nicht-Ich« sagen. Ich bin nicht unpünktlich, ich lüge nicht, ich tue das nicht, ich mache jenes nicht, niemals, und damit möchte ich auch nichts zu tun haben. Jener Bereich, mit dem wir uns nicht identifizieren, den wir dann so schnell »Nicht-Ich«, »Welt«, oder »das Andere« nennen, jener Bereich ist der Schatten, also alles das, wozu wir nicht »Ich« sagen.
In einer mathematischen Gleichung: Der Schatten ist kosmisches Bewußtsein minus Ich-Identifikation. Er ist der Rest, das, wozu wir »Du« bzw. »Welt« sagen, das, was uns gegenübersteht, was zum Gegenstand wird. Dieser Schatten ist es, der uns zur Ganzheit fehlt; er ist das, was uns zum »Glück«, zur Vollkommenheit, zum Heil fehlt.
Sprechen wir also in irgendeinem Zusammenhang von Heilung, dann kann es bei einem wirklichen Heilungsprozeß immer nur darum gehen, das Fehlende hineinzunehmen, das Fehlende zurückzugewinnen, anzugliedern, zu integrieren, Nicht-Ich zu Ich

werden zu lassen. Unbewußtes bewußt, Außen zum Innen zu machen, so daß Bewußtseinserweiterung entsteht. Es geht bei der Heilung also immer um das Erobern von etwas, zu dem wir bis zu diesem Zeitpunkt »Nicht-Ich« sagten. Wenn wir von »Heilung« sprechen, muß es sich zwangsläufig um Integration von Schattenanteilen handeln. Oder noch konkreter gesagt: Der Mensch muß lernen, sich mit einem Persönlichkeitsaspekt zu identifizieren, mit dem er sich bis zu diesem Zeitpunkt nicht identifiziert hat.
Warum sind wir krank? Weil Kranksein zum Menschen gehört; weil wir einen Schatten haben, weil dieser Schatten uns unheil macht und weil wir ständig in der Aufforderung stehen, ihn zurückzuerobern, »ganzer« zu werden, bewußter zu werden, ihn zu integrieren, das Fehlende zu suchen. Und damit verschiebt sich das gesamte Heilungskonzept. Der Heilung geht die Suche nach der Schuld voraus, aber *nicht* im moralischen, sondern im metaphysischen Sinn, die Suche nach dem Fehlenden, nach dem Nicht-Gelebten, nach dem, womit wir uns nicht identifizieren.
Hier genau setzen viele Therapien, so auch die Reinkarnationstherapie an. Das Wesentliche des Konzeptes der Reinkarnationstherapie besteht aus folgendem: Wir gehen – wie andere auch – in der Zeit zurück, und wir werden, an einem Symptom entlang gehend, ebenfalls eine Kette von traumatischen Ereignissen finden und bewußt machen, so, wie es überall gemacht wird. Doch wenn man hier stehen bleibt, ist Heilung nicht geschehen. Wenn ich also einen Menschen zurückschicke und ihm zeige: hier ein Trauma, hier ein Trauma, hier ein Trauma …, dann ist das ein therapeutisch sinnvoller Schritt, indem man einen Zugang zu einem wesentlichen Bereich schafft, aber es ist noch keine Therapie, es ist noch keine Heilung. Der wesentliche zweite Schritt, der den ersten sozusagen umpolt, steht noch aus. Der erste Schritt, das Erleben von Traumata, wie grauenhaft sie im einzelnen auch sein mögen, zeigt ja immer den Patienten in der einen Situation des Opfers: ich, der Arme, ich, der Gequälte, ich, der Erleidende. Um Ganzheit, Heilung zu erreichen, muß schon dieser Prozeß

als Prozeß umgepolt werden, ergänzt werden durch seinen fehlenden Gegenpol.
Das geschieht dadurch, daß wir uns anschauen, was der Klient eigentlich auf der aktiven Seite verwirklicht hat – wenn wir es uns zeitlich vorstellen –, damit er diese Erleidensformen erleben mußte. Es ist die Frage nach der Schuld, es ist die Frage nach dem Schatten.
Nehmen wir einen Patienten an, dessen Symptom darin besteht, daß er Erstickungsgefühle hat, irgendwelche Hals- oder Atemprobleme. Dann mögen wir, an diesem Symptom zurückgehend, scheußliche Ereignisse finden: wahrscheinlich finden wir bei der Geburt schon eine Nabelschnur um seinen Hals. Da ist er irgendwann erwürgt worden. Wir gehen weiter zurück, irgendwann ist er einmal im Rauch erstickt. Wir gehen weiter zurück: ein Baumstamm fällt auf seinen Hals; wir gehen weiter zurück, Trauma nach Trauma. Immer ist er der Arme, der Leidende, der, dem etwas geschieht. Ab einem bestimmten Punkt wird es notwendig, diesen Prozeß umzupolen mit der Frage: Warum mußtest du diese Situationen denn erleben? Und nun beginnt der eigentliche therapeutische Prozeß. Nun wird er sich in Situationen wiederfinden, in denen *er* der Setzende ist, der aktive Teil. Er wird sich, um in unserem etwas kantigen Beispiel zu bleiben, nun als der Würgende vorfinden, als der Erstickende, anderen die Luft Wegnehmende. Er wird sich vorfinden als der Mörder. Er erlebt sich selbst – und das ist das besondere an Regressionen – *in der Identifikation.* D.h. der Klient hat jetzt die Chance, die Verantwortung zu übernehmen, in der Ich-Identifikation Bereiche zu erleben, zu denen er bisher immer »Nicht-Ich« sagte, »Du« sagte: die anderen würgen, die anderen machen bei mir. Und jetzt beginnt Schattenaufarbeitung. Jetzt wird Fehlendes hereingenommen, kann Unbekanntes, Unbewußtes bewußt werden. Nun geschieht ein Prozeß, der *heilend* wirkt. Der Klient findet nämlich jetzt Aspekte in sich, die er bisher verdrängt, nicht angeschaut hat, die er nach außen projizierte. Jetzt kann Heilung geschehen.
Durch das Hineingehen in den Schuldbereich, in den Schatten-

bereich, kommen wir zu Themen, die für den Klienten negativ bewertet sind, die er für böse und schlecht hält und gerade deswegen verdrängt. Um diese angliedern zu können, muß er sie lieben lernen. Es muß zu einer Aussöhnung mit sich selbst kommen, zu einer Aussöhnung mit den dunklen Aspekten, mit den dunklen Seiten des eigenen Seins. Die Angliederung des Schattens ist das, was heilt, ist das, worum es in einer Therapie geht oder die Therapie ist keine Therapie.
Im Osten gibt es ein schönes Mantram, das diesen Zusammenhang bearbeitet. »Tat Twam asi«, »das bist auch Du«, oder auf den Erfahrenden bezogen: »Das bin auch ich«. Darum geht es, um eine Entdeckungsreise im eigenen Land, im eigenen Bewußtsein, und das eigene Bewußtsein ist in Wirklichkeit *das* Bewußtsein. Das höchste Ziel ist: *Selbstfindung*, und das Selbst kann immer nur da gefunden werden, wo das Ich in Frage gestellt wird. Und das und nur das macht in letzter Konsequenz *heil*.
Zum Abschluß noch ein anderes Bild, das das Gesagte nur in einer anderen symbolischen Form noch einmal zusammenfaßt: Bewußtsein können Sie sich auch als Meer vorstellen – es ist ein riesiges Meer – und Sie nehmen ein Weinglas und schöpfen aus diesem Meer etwas Wasser. Das heißt, dieses Bewußtsein, das durch das Wasser symbolisiert wird, bekommt eine Form, die Form dieses Weinglases. Das ist eine Inkarnation: Das Hineingehen des Bewußtseins in *eine* bestimmte Form. Und irgendwann gießen Sie den Inhalt (das Bewußtsein) in ein anderes Glas mit einer anderen Form. Und Sie haben eine andere Inkarnation. Sie gießen diesen Inhalt weiter in ein neugeformtes Glas – eine weitere Inkarnation; und so gehen diese Bewußtseinsinhalte durch viele Inkarnationen, bis Sie es ganz zum Schluß ausgießen – zurück ins Meer. Und die Kette der Inkarnation ist zu Ende, das Heil ist erreicht.
Gibt es nun dieses Weinglas voll Wasser noch? Sie können antworten: »Ja«, Sie können antworten: »Nein«. Beides ist gleich richtig. Es hat sich nicht in Nichts aufgelöst. Und dennoch gibt es diese Form nicht mehr als *dieses* spezielle Weinglas mit *diesem* Wasser. Das Geteilte ist zurückgekommen zu seinem

Ausgangsort, das Abgesonderte ist heimgekehrt, ist *eins geworden* mit dem Ganzen. Das Sondersein hat aufgehört, die Ich-Illusion ist zu Ende. Das Selbst wurde gefunden – das Meer wurde gefunden – die Heimat wurde gefunden – Einheit ist wieder hergestellt, und das Vehikel der Inkarnationen hat seine Aufgabe erfüllt, denn Vollkommenheit ist erreicht.

Thorwald Dethlefsen, Dipl. Psych., beschäftigt sich seit Jahren mit Reinkarnationstherapie, Astrologie, Kabbalah und anderen esoterischen Themen. Er gründete in München das »Institut für außergewöhnliche Psychologie« und gibt Kurse und Vorträge. Veröffentlichungen: »Ausgewählte Texte« (München: Goldmann, Neuaufl. 1990); »Das Erlebnis der Wiedergeburt« (München: Goldmann, Neuaufl. 1990); »Das Leben nach dem Leben« (München: Goldmann, Neuaufl. 1991); »Ödipus der Rätsellöser« (München: C. Bertelsmann, 1990); »Schicksal als Chance« (München: Goldmann. Neuaufl. 1991) *und mit Dahlke, Rüdiger:* »Krankheit als Weg« (München: Goldmann, 1990). *Für diesen Originalbeitrag der deutschen Ausgabe diente der Vortrag vom 13. November 1988 anläßlich der Basler PSI-Tage als Grundlage.*

TEIL 3

Der innere Heiler

Die natürliche Heilkraft in jedem von uns
ist die größte Kraft,
um wieder gesund zu werden.

Hippokrates

Eine der wichtigsten Rollen, die eine Heilerin oder ein Heiler spielen kann, besteht darin, den Menschen zu helfen, sich auf ihre eigenen, unbegrenzten Selbstheilungskräfte einzustimmen. In jedem von uns wohnt eine innere Stimme oder ein Ratgeber, der uns durch seine ruhige und wahrhaftige Führung unterstützt, unsere inneren Reaktionen zu ordnen. Die Autorinnen und Autoren dieses Teils des Buches erläutern, wie wichtig es ist, eine Atmosphäre der Unterstützung und Reflexion zu schaffen, in der die Menschen empfänglich für ihre angeborene Weisheit werden können.

Wenn die HeilerInnen den Prozeß, sich an die innere Weisheit anzuknüpfen, fördern, verhelfen sie uns dazu, »Heilung« in uns selbst zu suchen, anstatt bei äußeren »Behandlungsmethoden«. HeilerInnen und diejenigen, die geheilt werden sollen, können sich mit dem Gedanken beschäftigen, daß die Krankheit kein zufälliges Ereignis ist. Vielmehr ist sie eine Botschaft, die uns mitteilt, daß wir von unserem wahren Weg abgekommen sind.

Die Erkenntnis, daß wir große Heilkräfte in uns besitzen, ermöglicht uns nicht nur, uns selbst zu heilen, sondern auch, andere in ihrem Wunsch nach Heilung zu unterstützen.

JOHN E. UPLEDGER
Selbsterkenntnis und Selbstheilung

Das Geheime, das allen wirkungsvollen Heilmethoden gemeinsam ist, läßt sich vielleicht am besten als ein Prozeß definieren, der den Patienten zu einer aufrichtigen und wahrhaftigen Selbsterkenntnis führt. Diese Selbsterkenntnis ist notwendig, damit die Selbstheilung einsetzen und andauern kann. Denn nur durch Selbstheilung – im Gegensatz zum »Behandeln«, können Patienten sowohl dauerhafte Genesung als auch spirituelles Wachstum erfahren.

Bevor wir uns mit der Selbsterkenntnis und Selbstheilung beschäftigen, müssen wir uns zunächst jedoch die Bedeutung der Begriffe *Heilung* und *Behandlung* anschauen. Der Unterschied zwischen den beiden Begriffen zeugt von einer zunehmenden Polarität im Denken der Mediziner. Im Wörterbuch haben die beiden Begriffe im wesentlichen die gleiche Bedeutung, beide beziehen sich auf eine Behandlungsmethode oder die Verordnung eines Medikaments zur Wiederherstellung der Gesundheit. Doch diese offizielle Definition berücksichtigt die Implikationen nicht, mit denen diese beiden Begriffe in der heutigen Welt der Medizin verbunden sind.

Im Augenblick verwenden wir den Begriff *Heilung* oft, um zu beschreiben, was *vom* Patienten (oder seinem Körper) getan wird, um ein körperliches, geistiges oder seelisches Problem zu lösen. Das Wort *Behandlung* hingegen bezieht sich gewöhnlich auf die Verfahren, die ein Arzt oder Therapeut *am* Patienten vornehmen. Deshalb sprechen wir häufig davon, daß sich Patienten »heilen« müssen, nachdem die Krankheit »behandelt« worden ist. Die chirurgische Entfernung der Gallenblase kann beispielsweise eine »Behandlung« einer Erkrankung der Gallenblase sein, aber danach muß der Patient die Wunde »heilen« und sich auf das

Fehlen dieses Organs einstellen, damit sein Verdauungssystem richtig funktioniert.

Der Grund, warum wir den Unterschied zwischen heilen und behandeln klarstellen müssen, ist sehr einfach: Jede effektive Therapie – welche äußere Form sie auch annimmt – weckt, fördert und stärkt die Selbstheilungskräfte des Patienten, während die »Behandlung« ein Prozeß ist, dessen Wirkung nur vorübergehend und vielleicht sogar nur symptomlindernd ist. Obwohl eine »Behandlung« die Krankheitssymptome sozusagen durch einen Eingriff von außen beseitigen kann, läßt sie die dahinter verborgenen Krankheitsursachen unberührt.

Ein Arzt behandelt Hämorrhoiden beispielsweise dadurch, daß er sie operativ entfernt. Wenn die Hämorrhoiden jedoch die Folge einer Lebererkrankung sind, die auf chronischen Alkoholmißbrauch zurückzuführen ist, ist das Problem solange nicht »geheilt«, bis der Patient das dem Alkoholmißbrauch zugrundeliegende Problem gelöst hat. In diesem Fall wäre es besser, der Arzt würde die Hämorrhoiden nicht entfernen, so daß sie den Patienten daran erinnern und ihn vielleicht sogar motivieren, sich mit seinem Alkoholmißbrauch auseinanderzusetzen. Auf diese Weise kann die wahre Krankheitsursache eines Tages beseitigt werden.

Einer meiner Freunde, ein Chirurg mit über 30jähriger Erfahrung, vertraute mir einmal an, daß die Mehrheit seiner chirurgischen Eingriffe rückblickend als das Herausschneiden der inneren »Sprachorgane« seiner Patienten betrachtet werden könnten. Damit meinte er, daß er durch das Entfernen bestimmter Organe oder Gewebe die innere Stimme zum Schweigen brachte, die versuchte, die Aufmerksamkeit auf das Vorhandensein von tieferen emotionalen oder spirituellen Problemen zu lenken.

Um mich noch einmal auf das Beispiel von einem an Hämorrhoiden leidenden Alkoholiker zu beziehen, sei darauf hingewiesen, daß das Entfernen der Hämorrhoiden, selbst wenn es dem Patienten vorübergehende Linderung einiger Symptome verschafft, ihm eine Möglichkeit nimmt, mit der sein inneres Selbst versucht, seine Aufmerksamkeit auf sein Alkoholproblem zu lenken. Wenn die Hämorrhoiden entfernt werden und der Alkoholmißbrauch fortgeführt wird, hat das innere Selbst keine andere Wahl, als ein anderes Organ zu suchen, das auf das Problem aufmerksam macht.

Das nächste »Zielorgan« könnte die Gallenblase sein. Deshalb besteht der nächste Schritt des Chirurgen darin, die Gallenblase zu entfernen, die vielleicht voller Gallensteine ist. Sicherlich hält der Chirurg beide Eingriffe für gerechtfertigt. Doch es wurde kein Versuch unternommen festzustellen, ob das innere Selbst des Patienten versucht, ihm eine Botschaft bewußt zu machen. Nun haben wir also einen Alkoholiker ohne Hämorrhoiden und ohne Gallenblase, der immer noch keine Ahnung hat, warum er soviel trinkt. Vielleicht ist sein Trinken eine Flucht vor Schuldgefühlen, die in seiner Kindheit von einem Elternteil in ihm geweckt wurden. Wenn dies der Fall ist, bleibt das Problem weiterhin ungelöst und der Patient trinkt weiter, bis schließlich vielleicht die Leberfunktion gestört ist.

Mit fortschreitendem Verfall verspürt die »innere Stimme« der Weisheit des Körpers zunehmend den Drang, mit dem Bewußtsein des Patienten in Kontakt zu kommen. Deshalb entstehen wahrscheinlich Krampfadern in der Speiseröhre. Nun ist die Situation sehr ernst und lebensbedrohlich und erfordert die Zusammenarbeit von Chirurgen und Internisten. Wenn diese Krampfadern erst einmal operiert wurden, bleibt nur noch wenig, was entfernt werden kann, außer in den seltenen Fällen, wo eine Lebertransplantation durchgeführt werden kann. Gewöhnlich jedoch muß der Internist die mißbrauchte und versagende Leber unterstützen bis der Tod eintritt.

Rollen wir den Fall noch einmal anders auf. Zu irgendeinem Zeitpunkt in der Krankheitsgeschichte taucht ein Psychiater auf, um sich mit dem Alkoholmißbrauch oder der Selbstmordgefährdung des Patienten zu beschäftigen. Die meisten Medikamente, die der Psychiater verschreiben wird, haben wahrscheinlich bewußtseinsverändernde und hepatotoxische (lebervergiftende) Nebenwirkungen. Deshalb hat die »innere Stimme« eine noch geringere Chance, ins von Drogen betäubte Bewußtsein des Patienten zu dringen und ihn auf den Grund für den Alkoholmißbrauch aufmerksam zu machen (das heißt auf seine ungelösten Schuldgefühle). Die Leberfunktion wird durch die giftigen Nebenwirkungen der Medikamente noch mehr beeinträchtigt. Schließlich tritt der frühzeitige Tod ein.

Als Todesursache wird wahrscheinlich »Leberversagen aufgrund von Alkoholmißbrauch« angegeben. Aus unserer Sicht wäre es genauso richtig zu sagen, die Todesursache war die Entfernung von Hämorrhoiden, ohne nach der dahinter verborgenen Botschaft oder Krankheitsursache zu suchen. Oder das wiederholte Ausschalten der »inneren Stimme«, die versuchte, sich durch die Gallenblase Gehör zu verschaffen.

Sich dieser inneren Stimme bewußt zu werden, meine ich mit der Selbsterkenntnis, die zur Selbstheilung führt. In dem gerade erörterten Fallbeispiel wurde in der Behandlung nicht nur versäumt, den Patienten auf seine innere Stimme aufmerksam zu machen, sondern letztlich wurde sie durch die Behandlung sogar unterdrückt. Die Behandlung führte zu einem Teufelskreis der Zerstörung. Außer durch ein Wunder konnte der Prozeß nicht mehr rückgängig gemacht werden, als die Krampfadern in der Speiseröhre entstanden waren und das Gehirn durch die bewußtseinsverändernden Medikamente benebelt war. Welche Chance hat die innere Stimme nach alldem gegen die moderne Chirurgie und Psychopharmakologie?

Als Reaktion auf das Versagen der traditionellen »Behandlungsmethoden«, die keinerlei Hilfe bieten, wenn jemand sich mit den tieferen Problemen auseinandersetzt, die sich als körperliche Dysfunktionen manifestieren, sind eine Vielzahl von alternativen Behandlungsmethoden und Philosophien entstanden. Diese umfassen ein weites Spektrum von Heilpraktiken wie zum Beispiel Meditation, Ernährungstherapien, Naturheilkundebehandlungen, Homöopathie, Akupunktur, Rolfing, Chiropraktik, Alexander-Technik, Feldenkrais-Methode, Rebirthing, Counseling, Biofeedback, um nur ein paar zu nennen. Jede dieser Heilpraktiken fördert die Selbsterkenntnis, die zur

Selbstheilung führt, selbst wenn sich die einzelnen Methoden äußerlich voneinander unterscheiden.

In der Betrachtung, wie der Prozeß der Selbsterkenntnis verläuft, muß man daran denken, daß sich unser Selbstbild ständig verändert. Je näher unsere Selbsteinschätzung der Wahrheit kommt, desto größer wird scheinbar unsere Selbstheilungskraft. Wenn eine starke Übereinstimmung von Selbstbild und der Wahrheit vorhanden ist, ist unsere Selbstheilungskraft buchstäblich unbegrenzt und in der Lage, eine »Wunderheilung« zu vollbringen. Daher liegt die größte Verantwortung des Therapeuten darin, dem Patienten zu helfen, ein stimmigeres Selbstbild zu erlangen.

Wenn wir mit einem Patienten zu tun haben, bedeutet dies, daß der Therapeut zu einem genauen Spiegel, einem Medium werden muß, in dem das wirkliche Selbst des Patienten besser wahrgenommen werden kann. Dieses wahre Selbstbild stimmt vielleicht nicht mit der vorgefaßten Meinung des Therapeuten bezüglich des Problems überein, falls eine solche Voreingenommenheit besteht. Der Therapeut muß zu einem unvoreingenommenen Helfer werden. Dann kann die Wahrheit sowohl vom Patienten als auch vom Therapeuten erkannt werden.

Damit diese Erkenntnis möglich wird, muß der Helfer die Einflüsse des Egos und jegliche Tendenz, das Problem des Patienten diagnostisch einzuordnen, so weit wie möglich vermeiden. Dann wird er zu einem klaren, reflektierenden Medium, das keine Illusion, Selbsttäuschung, Maskerade oder Fassade zuläßt.

Während dieses Prozesses darf der Therapeut dem Patienten nicht zuviel von der Wahrheit auf einmal zumuten, denn sonst wendet er sich von seinem Spiegelbild ab. Deshalb muß der »Spiegel« sehr sensibel sein und darf nur soviel reflektieren, wie der Patient im Augenblick verkraften kann. Dennoch muß er soviel spiegeln, um eine Stagnation zu verhindern und den Prozeß der Selbsterkenntnis in Gang zu halten. Die Kunst der Therapie besteht darin zu spüren, wie schnell der Prozeß voranschreiten kann, ohne den Widerstand des Patienten hervorzurufen, und es dem Patienten zu ermöglichen, eigene Entdeckungen zu machen. Diese Kunst

erfordert, daß der Therapeut es vermeidet, den Patienten zu manipulieren. Es setzt auch eine unbewußte Verbindung mit dem Patienten voraus. Die Selbsterfahrung kann verbal oder nonverbal vonstatten gehen.
In meiner therapeutischen Arbeit setze ich körperliche Berührung ein, damit leichter eine Beziehung zwischen mir und dem Unbewußten des Patienten aufgebaut werden kann. Andere Therapeuten stellen diese Beziehung mit anderen Mitteln her, aber für mich liegt in der Berührung, dem Körperkontakt zwischen mir und dem Patienten die Möglichkeit, diese Kommunikation herzustellen.
Während ich mittels Berührung mit dem Patienten in Verbindung trete oder mit ihm verschmelze, bemühe ich mich, für jede Wahrnehmung, Empfindung oder Erkenntnis offen zu bleiben, die vom Patienten aus in mein Bewußtsein dringt. Ich glaube, daß jedes Organ, jede Faser und Zelle im Körper ihr eigenes Bewußtsein besitzt. Dies liegt gewöhnlich nicht innerhalb des bewußten Wahrnehmungsspektrums des Patienten. Wenn ich jedoch offen bin, empfange ich Informationen von diesen unbewußten Bereichen. Diese Botschaften werden mir durch Schmerzen bewußt, die ich in meinem eigenen Körper verspüre, oder durch ein Bild, eine verbale Mitteilung oder eine Art Erkenntnis, die mir zusätzliche Schlüsselinformationen liefert.
Der Patient mit dem durch Alkoholmißbrauch verursachten Leberschaden bewirkt beispielsweise, daß ich Leberbeschwerden verspüre. Oder ich sehe vor meinem geistigen Auge eine geschädigte Leber. Oder die innere Stimme des Patienten teilt mir mit, daß er einen Leberschaden hat. Oder ich spüre, daß er ein Problemtrinker ist, dessen Alkoholproblem auf ungelöste Schuldgefühle aus der Kindheit zurückzuführen ist. Wenn ich diese Information erhalte, besteht mein nächstes Ziel darin, dem Patienten zur Selbsterkenntnis zu verhelfen, so daß er erkennt, daß seine Symptome auf Alkoholmißbrauch zurückzuführen sind, und was der Grund für sein übermäßiges Trinken ist.
Die Kommunikation zwischen Patient und Therapeut wird durch die Berührung angeregt und zwar in der Absicht, den Heilungs-

prozeß zu fördern. Ursprünglich findet diese Kommunikation auf einer unbewußten Ebene statt. Dann kommt sie gewöhnlich ins Bewußtsein des Therapeuten, der sich daraufhin bemüht, dem Patienten zu helfen, sich dieser Information ebenfalls bewußt zu werden. Denn nur wenn sich der Patient des Problems bewußt wird, kann er eine intelligente Lösung dafür finden. In meiner eigenen Arbeit als Therapeut tue ich daher mein Bestes, um dem Patienten ein wahres Bild zu spiegeln und ein aufrichtiger, aber sensibler Spiegel zu sein. Der Patient braucht nicht die ganze Wahrheit auf einmal zu sehen, aber ich unterstütze ihn auch nicht dabei, eine Illusion aufrechtzuerhalten, außer es scheint für ihn sehr wichtig zu sein, weiter an dieser Illusion festzuhalten (was in seltenen Fällen zutrifft) – und in diesem Fall auch nur solange dies für die Anpassung und Weiterentwicklung notwendig ist.
Wenn der Prozeß der Selbsterkenntnis zu einer wirklichen Selbstheilung geführt hat, kann dies auch eine körperliche Heilung bewirken – das heißt, die Symptome beseitigen. Denn wahre Heilung geht über die Beseitigung von Symptomen hinaus. Sie ist damit verbunden, daß man sich über seine wahre Identität und seine Lebensaufgabe klar wird. Aus diesem Grund kann Heilung manchmal bedeuten, daß man den Rest seines Lebens im Rollstuhl verbringt – wenn man seine Lebensaufgabe auf diese Weise am besten erfüllen kann. Selbst wenn man an den Rollstuhl gefesselt ist, kann man »geheilt« sein, vorausgesetzt man erkennt, daß dies das Leben ist, für das man bestimmt ist. In gleicher Weise kann Heilung bedeuten, daß es in Ordnung ist zu sterben. Es kann bedeuten, daß die Probleme und Konflikte, vor die man in diesem Leben gestellt wurde, gelöst sind, und man nun frei ist, diese Welt zu verlassen.
Daher führt die erfolgreiche Therapie nicht unbedingt zu Trost, Wohlbefinden, Muskelkraft, einem verlängerten Leben oder irgendeinem anderen Resultat, das unsere westliche Medizin als Beweis für eine erfolgreiche Heilung betrachtet. Eine wirkungsvolle Therapie verhilft dem Patienten jedoch zu einer klaren Erkenntnis seiner selbst und seiner Aufgabe, und sie gibt ihm die Kraft und die Integration von Körper, Geist und Seele, um diese

Aufgabe zu erfüllen. Die Therapieziele bestehen darin, die Selbsttäuschung und das Selbstmitleid zu beheben, und den Patienten zu helfen, in ihrem Leben Prioritäten zu setzen, so daß sie wachsen können.

In der Therapie scheint der wichtigste Faktor die Fähigkeit des Therapeuten zu sein, dem Patienten die Wahrheit zu spiegeln. Denn Wahrheit heilt. Die Wahrheit ist der rote Faden, der sich durch alle erfolgreichen, therapeutischen Methoden zieht.

John E. Upledger, D.O., F.A.A.O., Dr. rer. nat., besitzt eine mehr als 20jährige Erfahrung in der Osteopathie und ist Mitglied der Fakultät an der Michigan State Universität. Durch seine Forschung auf dem Gebiet der kraniosakralen Therapie und seine Diagnose und Behandlung von chronischen Krankheiten und Schmerzen erlangte er weltweite Anerkennung. Er leitet das »Upledger Institute« in Palm Beach Gardens, Florida. Mit Jon D. Vredevoogd hat er das Buch: »Kraniosakraltherapie« (Heidelberg: Karl F. Haug, 1991) herausgegeben.

SHAKTI GAWAIN
Wie man der inneren Weisheit folgt

Ein Heiler ist ein Mensch, der andere darin unterstützt zu lernen, ihrer eigenen inneren Wahrheit zu vertrauen und ein erfüllteres und freieres Leben zu führen. Um sich selbst zu heilen, müssen die Menschen erstens erkennen, daß tief in ihrem Innern eine innere Führung wohnt, und zweitens, daß sie dieser vertrauen können. Meine eigene Arbeit besteht darin, den Leuten einfache Möglichkeiten zu zeigen, wie sie in Kontakt mit ihrer inneren Weisheit kommen können, und sie zu ermutigen, dieser Stimme zu vertrauen und sich von ihr führen zu lassen.

Meiner Ansicht nach hängt die Hauptursache der meisten körperlichen Beschwerden damit zusammen, daß wir nicht in Einklang mit der inneren Führung leben. Meistens lernen wir nicht, wie wir auf unsere innere Stimme hören können. Infolgedessen vertrauen wir unserer inneren Führung nicht und sorgen nicht so für uns, wie sie uns rät. Gewöhnlich lernen wir, bestimmten Regeln und Maßstäben zu folgen, oder anderen Menschen zu gefallen. Wir müssen tiefer in uns eindringen, als diese Einflüsse reichen, wenn wir mit tieferen Wahrheiten in Berührung kommen wollen.

Wenn wir versuchen, uns für etwas zu entscheiden, oder nicht ganz sicher sind, was wir wirklich wollen, finden wir die Antwort gewöhnlich dadurch, daß wir uns auf unsere innere Weisheit einstimmen. Dies bedeutet, daß wir unseren Verstand abschalten und uns an einen Ort tief in unserem Innern begeben. Wenn wir erst einmal mit unserem inneren Führer Kontakt haben, brauchen wir uns nur zu fragen: »Was fühlt sich richtig für mich an? Was möchte ich wirklich? Was stimmt in diesem Augenblick für mich? Wo führt mich meine Energie in diesem Moment hin?« Mit ein wenig Übung können dies die meisten Menschen lernen.

Betrachten wir ein einfaches Beispiel. Nehmen wir einmal an, Sie versuchen, sich zu entscheiden, ob Sie einer Einladung folgen sollen. Wenn Sie wie die meisten Menschen sind, neigen Sie sicherlich dazu, die Entscheidung hauptsächlich vom Verstand her zu treffen, indem Sie folgendermaßen argumentieren: »Also wenn ich zu der Party gehe, könnte ich den und den treffen. Ich könnte ein paar gute Kontakte knüpfen. Aber vielleicht sollte ich doch lieber zu Hause bleiben und mich ausruhen.« Oder Ihre Reaktion wird von Angst bestimmt: »Wenn ich nicht hingehe, wird So-und-so gekränkt sein, und vielleicht mag er mich dann nicht mehr. Oder ich könnte etwas Wichtiges verpassen.« Wenn man auf diese Weise Entscheidungen fällt, behindern einen die eigenen Vorstellungen.

Wenn Sie jedoch lernen, sich auf Ihre Intuition einzustimmen, werden Sie ganz einfach spüren, wo im Augenblick am meisten Energie hinfließt, und Sie wissen spontan, was Sie am liebsten tun würden – auf die Party gehen oder lieber zu Hause bleiben oder etwas anderes machen. Dies ist ein Beispiel aus dem alltäglichen Leben, für Entscheidungen, die man ständig treffen muß. Aber das Prinzip, auf seine innere Stimme zu hören, läßt sich auch auf viel wichtigere Lebensbereiche anwenden, wie zum Beispiel die Frage, was der Körper braucht, um geheilt zu werden.

Ich bringe den Menschen bei, daß es zwei wesentliche Komponenten gibt, wie man mit seiner inneren Stimme in Kontakt kommt. Zunächst muß man sich einige Grundkenntnisse aneignen, wie zum Beispiel die tiefe Entspannung von Körper und Geist durch einfache Visualisation, Atemübungen usw., so daß man ein bißchen mehr »loslassen« kann. Ich bitte die Menschen, sich vorzustellen, daß sie sich an einen stillen Ort tief in ihrem Inneren begeben, wo eine Weisheit oder Bewußtheit dessen, was ihre Wahrheit ist, schlummert, und daß sie dann ganz einfach auf die innere Stimme hören und spüren, was da ist. Dies bedeutet, um eine Antwort zu bitten, und dann darauf zu vertrauen, daß die Antwort diesem Ort der inneren Weisheit entspringt.

Dies ist eine unkomplizierte, aber ausgesprochen wirkungsvolle Technik. Nach meinen Workshops haben die meisten Menschen das Gefühl, in Kontakt mit diesem inneren Ort, dem sie vertrauen können, gekommen zu sein. In unserem alltäglichen Leben spüren wir die Verbindung mit dieser inneren Führung natürlich nicht immer. Und selbst wenn wir es tun, ist es oftmals schwer herauszufinden, was sie uns mitteilen will. Aber je mehr man übt, jeden Tag in Berührung mit dieser inneren Stimme zu kommen, desto zuverlässiger wird sie.

Der zweite Teil meiner Aufgabe besteht nun darin, den Menschen zu helfen, die verschiedenen inneren Stimmen und Gefühle zu ordnen, so daß sie die Stimme der wahren, inneren Führung unterscheiden können. Eine unserer inneren Stimmen bringt beispielsweise das zum Ausdruck, was uns unsere Mutter beigebracht hat. Eine andere spiegelt das wider, was wir von unserem Vater gelernt haben, wieder andere Stimmen geben den Einfluß der Kirche, unserer Lehrer und Freunde wieder, und wieder andere sind von Volkshelden und kulturellen Mythen geprägt. Manche Stimmen sagen uns, was wir tun »sollten«, andere sind rebellisch und befehlen uns, das genaue Gegenteil zu tun.

Aufgrund dieser widersprüchlichen Gefühle, Ängste und Wünsche genügt es nicht zu sagen: »Folge deiner inneren Stimme«. Die Frage ist nämlich, *welcher* inneren Stimme?

Ich verwende bei meiner Arbeit eine bestimmte Technik, den sogenannten »Voice Dialogue«, eine sehr wirkungsvolle Methode von Hal Stone und Sidra Winkleman, die den Menschen hilft, in Berührung mit den vielen verschiedenen Stimmen in ihrem Inneren oder mit ihren »Unterpersönlichkeiten« zu kommen und sie bewußt zu machen. Meiner Erfahrung nach werden die verschiedenen inneren Stimmen mehr in Einklang miteinander gebracht, wenn wir unsere Unterpersönlichkeiten etwas mehr integrieren und in Harmonie miteinander bringen, so daß wir eine tiefere Bewußtheit dafür entwickeln, was in jedem Augenblick das Beste für uns ist.

Beim Ordnen dieser Stimmen ist es wichtig zu lernen, alle zu akzeptieren, denn diese unterschiedlichen Gefühle sind aus einem bestimmten Grund vorhanden. Wir haben sie in dem Bemühen entwickelt, uns zu schützen und für uns selbst zu sorgen. Viele von ihnen sind jedoch längst überholt und sind keine hilfreichen Führer mehr. Darum müssen wir unsere Verbundenheit zu dem ursprünglichen, von Natur aus weisen Wesen entwickeln, das in uns lebt, und unserem tiefen intuitiven Wissen zu vertrauen lernen.

Das bedeutet jedoch nicht, daß wir die anderen Stimmen verdrängen oder unterdrücken sollten. Wir müssen all unsere Wesensanteile erkennen, akzeptieren und integrieren, einschließlich der Teile, die wir als negativ, dunkel, erschreckend oder nicht spirituell betrachten. Diesen Zwiespalt zwischen hellen und dunklen, annehmbaren und unannehmbaren, guten und schlechten, positiven und negativen Wesensanteilen hat es schon immer gegeben. Wir müssen erkennen, daß alle Teile notwendig und wichtig sind. In der Tat liegt der Grund dafür, warum Wesensanteile negativ werden, darin, daß wir sie nicht akzeptieren oder ihren natürlichen Ausdruck nicht zulassen.

Wenn wir beispielsweise in einer Umgebung aufwachsen, in der wir einen natürlichen und kreativen, aggressiven Impuls nicht ausleben dürfen, wird er unterdrückt, nur um später in pervertierter und destruktiver Form wieder zum Vorschein zu kommen, vielleicht als Gewalttätigkeit gegenüber anderen oder uns selbst und als emotionale oder körperliche Probleme. Wenn wir unsere negativen Eigenschaften zu ihrem Ursprung zurückverfolgen, entdecken wir, daß einige wichtige Wesensanteile an ihrem natürlichen Ausdruck gehindert wurden.

Ein wesentlicher Teil des Heilungsprozesses besteht darin, uns mit unseren Schattenseiten zu konfrontieren – den Wesenszügen, die wir aus Angst verleugnet, abgelehnt oder unterdrückt haben. Wenn wir langsam und vorsichtig beginnen, können wir sie akzeptieren und integrieren. Indem wir ihren natürlichen Ausdruck zulassen, werden wir zu voller integrierten Persönlichkeiten.

Ich glaube, daß der Heilungsprozeß, der heute in uns und der

Welt stattfindet, viel damit zu tun hat, sich mit den dunklen Seiten zu beschäftigen und zu erkennen, was wir versteckt haben und vor was wir so lange Angst hatten. Viel Leid, Verwirrung, Angst und Verrücktheit dringt nun an die Oberfläche. Dies wird in unserer Welt ebenso deutlich wie in unserem eigenen Leben. Und es muß immer noch eine Menge ans Licht gebracht und durch unsere Bewußtheit geheilt werden.

Zusammenfassend kann man sagen, daß eine guter Therapeut seinen Patienten, Klienten oder Schülern helfen kann, in Berührung mit ihrer inneren Weisheit zu kommen und ihr immer mehr zu vertrauen. Natürlich können dies die verschiedenen Therapeuten oder Heiler unterschiedlich zum Ausdruck bringen. Aber mir kommt es so vor, daß der Grund für eine wirkliche Heilung darin liegt, daß die Menschen eine innere Wahrheit finden und lernen, ihr zu vertrauen, sie zu respektieren und in Übereinstimmung mit ihr für sich zu sorgen.

Je mehr Therapeuten und Lehrer dies zu erkennen beginnen, desto bewußter wird die Heilung darauf abzielen, die Menschen zu lehren, ihrer inneren Stimme zu vertrauen und gut für sich selbst zu sorgen, anstatt sich an äußeren Autoritäten zu orientieren. Mit anderen Worten, es wird weniger Gewicht auf äußere Führer, Heiler und Lehrer gelegt und mehr Nachdruck darauf, den einzelnen selbst kompetenter zu machen.

Diese Verlagerung des Schwerpunkts bedeutet nicht, daß es keinen Platz mehr für Lehrer, Heiler und Therapeuten geben wird. Vielmehr bedeutet es nur, daß wir erleben werden, wie sich die Rollen der Lehrer und Schüler, Heiler und Patienten immer mehr verändern und gleichberechtigter werden – eine Beziehung, in der wir uns alle bewußt sind, daß wir uns gegenseitig heilen und voneinander lernen.

Eine andere interessante Wendung, die sich im Heilen abzeichnet, hat damit zu tun, daß wir zulassen, daß die Erde selbst zu unserem Lehrer und Heiler wird. In alten Traditionen waren die Erde und die natürlichen Elemente unsere Lehrmeister. In jüngerer Zeit haben wir der Weisheit der Erde den Rücken gekehrt. Wir haben eine andere Richtung eingeschlagen und eine komplizierte, technologische Lebensweise entwickelt. Aber nun hat es den Anschein, als ob die Grenzen dieser Lebensweise erkannt werden würden. Den Menschen wird klar, daß wir auf eine soziale und ökologische Katastrophe zusteuern, wenn wir so weitermachen wie bisher.

Wenn wir wollen, daß diese Wendung erfolgreich ist, und beginnen, wieder auf die Erde zu hören, werden wir entdecken, daß sie uns lehrt, wie wir gesund, harmonisch und integriert leben können. Auch hier können wir durch unsere eigene innere Führung in Kontakt mit den Lehren der Erde und der Natur kommen. Je mehr wir uns selbst und unserer inneren Stimme vertrauen und ihr folgen können, desto natürlicher kommen wir auch in Einklang mit unserer Umwelt. Wir entdecken bereits einige alte Traditionen wieder, die uns helfen können, uns besser auf uns selbst und die Erde einzustimmen. Indem wir eine stärkere Verbindung zu den Pflanzen und Tieren herstellen, sowie durch Musik, Tanz, Trommeln und Rituale, kehren wir zurück zu unseren Wurzeln und finden Möglichkeiten, in größerer Harmonie zu leben.

Diese Richtung müssen wir einschlagen, denn letztlich können wir die Heilung des einzelnen nicht von der Heilung unseres Planeten trennen. Sie sind ein und dasselbe, weil das Bewußtsein jedes einzelnen Menschen mit dem kollektiven Bewußtsein verbunden ist. Obwohl wir Individuen sind, ist jeder einzelne von uns auch ein Teil des Ganzen. Wenn wir beginnen, uns als Individuen zu heilen, verändern wir ganz natürlich auch das Bewußtsein des Planeten insgesamt. Und wenn dieser kollektive Bewußtseinswandel stattfindet, wird jeder einzelne wiederum davon beeinflußt. Daher verändert sich die Welt umso mehr, je mehr Menschen ihr Bewußtsein und ihre Lebensweise verändern. Und je mehr sich die Welt verändert, desto mehr Menschen verändern sich.

Wir befinden uns augenblicklich in einem tiefgreifenden Heilungsprozeß, sowohl auf individueller als auch kollektiver Ebene. Wir befinden uns auf dem Weg zurück ins Paradies, aus dem wir gekommen sind, während die Erde zu einem heilsameren, fruchtbareren und schöneren Ausdruck dessen wird, was wir in Wirklichkeit sind. Deshalb können wir beginnen, unserer inneren Wahrheit zu folgen, die tiefer ist als all die verschiedenen Programme, Einflüsse und Vorstellungen, die wir in unserem Leben in uns gespeichert haben. Selbst wenn die innere Stimme hin und wieder in Form von diesen Vorstellungen und Prägungen zu uns spricht, müssen wir üben, mit dem tiefsten Teil in uns selbst in Berührung zu kommen, wenn wir spüren wollen, was wahr und richtig ist. Wenn wir lernen, unserer inneren Führung jeden Tag zu folgen, und sie bei den alltäglichsten Dingen um Rat fragen, werden wir die Verbindung zu ihr allmählich festigen und vertiefen.

Shakti Gawain ist Autorin der Bücher »Im Garten der Seele« (München: Heyne, 1990); »Leben im Licht« (München: Peter Erd, 1987); »Reflektionen im Licht« (Basel: Sphinx, 2. Aufl. 1991) *und* »Stell dir vor. Kreativ Visualisieren« (Reinbek: Rowohlt, 1986). *Sie hält Workshops ab und leitet ein Zentrum in Marin County, Kalifornien. Ihr besonderes Talent liegt darin, die Spiritualität in die Praxis umzusetzen.*

MARTIN ROSSMAN
Krankheit als Heilungschance

Alle Heilmethoden schaffen eine Gelegenheit zur Heilung. Dazu kann die operative Entfernung eines Tumors gehören, um dem übrigen Körper die Möglichkeit zu geben, wieder gesund zu werden. Es kann aber auch bedeuten, daß ein Psychotherapeut, Hypnotherapeut oder Schamane eine Situation erzeugt, in der Gedankenmuster, Emotionen oder »böse Geister«, die an der Krankheit schuld sind, verändert und vertrieben werden, so daß der Organismus sein gesundes Gleichgewicht wiederfinden kann. Eine Gelegenheit zur Heilung zu schaffen, bedeutet auf jeden Fall, die Faktoren zu beseitigen, welche die angeborene Selbstheilungsfähigkeit des Körpers beeinträchtigen, und diejenigen zu unterstützen, die diese Fähigkeit fördern und anregen.

Meine eigene Arbeit in der präventiven Medizin und mit chronisch Kranken basiert zum Großteil auf der Annahme, daß Heilung ein natürliches Geschehen, ein angeborener Mechanismus des Organismus ist. Es gibt eine physiologische Intelligenz, die dazu dient, die Homöostase oder das Gleichgewicht des Körpers angesichts der verschiedenen Bedrohungen von außen und innen aufrechtzuerhalten.

Von diesem Gesichtspunkt aus betrachtet, sind die Krankheitssymptome oftmals Warnungen, die uns auf Bedürfnisse aufmerksam machen, die nicht erfüllt sind. Wenn wir daher lernen, den Signalen oder Symptomen des Körpers Aufmerksamkeit zu schenken, kann Krankheit tatsächlich lehrreich sein und uns darauf hinweisen, wie wir uns wieder mit unserem Potential für unser Wohlbefinden in Einklang bringen können. Denn wir versuchen immer, unser Gleichgewicht und unser Wachstum in Übereinstimmung mit unserer Lebensaufgabe zu bewahren, ob wir uns unseres Lebenssinns nun vollkommen bewußt sind oder nicht. Es gibt eine Möglichkeit, die Symptome zu erkennen und sich so mit ihnen zu beschäftigen, daß sie uns tatsächlich dabei helfen können, den Energiefluß entsprechend auf unsere Lebensaufgabe abzustimmen – was es uns ermöglicht, Krankheit als eine Chance zu erkennen.

Krankheit kann vielleicht als eine westliche Form der Meditation betrachtet werden. Im Westen, wo die Tradition der Meditation nicht sehr verbreitet ist, und die Menschen nicht die Gewohnheit haben, von Zeit zu Zeit in sich zu gehen und über ihr Leben nachzudenken, zwingt eine Krankheit – und manchmal nur eine sehr schwere Krankheit wie ein Herzanfall oder Krebs – den Betreffenden dazu, innezuhalten und in Ruhe Bilanz zu ziehen.

In der Tat kommt es sehr häufig vor, daß Menschen, die an einer schweren Krankheit leiden, einen tieferen Sinn in ihrem Leben finden und neue Prioritäten setzen. Wenn Menschen schwer erkranken, versuchen sie oftmals, mit der Instanz »zu verhandeln«, die sie für das organisierende Prinzip des Universums halten. Sie sagen beispielsweise: »Wenn ich von dieser Krankheit wieder genesen bin, werde ich meiner Familie mehr Zeit widmen«, oder »Ich werde meine Kreativität entfalten« usw. Manchmal führen sie die versprochenen Veränderungen wirklich herbei, manchmal aber auch nicht. Manchmal dauern sie an, manchmal auch nicht. Aber wenn keine Veränderung eintritt oder die Veränderungen nicht von Dauer sind, bekommt der Betreffende oft einen neuen »Denkzettel« in Form eines Rückfalls oder erneuter Krankheit.

Aus diesem Grund lehre ich eine Technik, die ich »in Berührung mit dem inneren Ratgeber kommen« nenne. Man könnte den inneren Ratgeber auch den inneren Arzt oder ganz einfach die innere Weisheit nennen. In jedem Fall können die Menschen Zugang zu ihm finden, wenn sie lernen, innerlich ruhig und rezeptiv zu werden. Deshalb bringe ich den Menschen als erstes bei, wie sie einen Zustand geistiger und körperlicher Entspannung und Ruhe herstellen können. Damit sie sich körperlich entspannen, helfe ich ihnen, ihre Aufmerksamkeit auf ihren Körper zu konzentrieren, wobei sie jeden Körperteil entspannen, während sie gleichzeitig tief atmen. Dieser Prozeß dauert ungefähr zehn Minuten. Dann bitte ich sie, sich vorzustellen, daß sie sich an einem heiteren und sicheren Ort befinden. Dies kann ein Ort sein, den es wirklich gibt oder nur in der Phantasie. In jedem Fall versetzt man sich in einen Zustand, in dem man für den inneren Dialog bereit ist, wenn man sich in der Phantasie an diesen besonderen Platz in seinem Innern begibt.

Dann bitte ich sie, ein Bild von einem sehr weisen, liebevollen Wesen auftauchen zu lassen, das sie gut kennt. Dies ist das Wesen, das wir den inneren Ratgeber nennen. Es kann praktisch jede Gestalt annehmen. Manche Menschen sehen archetypische Symbolfiguren wie den weisen alten Mann oder die weise alte Frau. Andere visualisieren Licht, Geister, Krafttiere, Bäume oder sogar das Meer. Die Form spielt keine Rolle, solange sie die weise, liebevolle Gestalt repräsentiert, die mit uns vertraut ist. Danach fordere ich die Leute auf, den inneren Ratgeber zu fragen, ob er etwas über ihre Krankheit weiß, ob sie etwas über ihre Krankheit erfahren können und ob sie irgend etwas tun können, um wieder gesund zu werden. Ich ermutige sie, sich für die Botschaft des inneren Ratgebers zu öffnen und empfänglich dafür zu sein.

Die Antworten treffen oftmals erstaunlich genau zu. Gewöhnlich besteht die Antwort aus einem einfachen, doch sehr genauen und häufig ausgezeichneten Ratschlag, der sich auf körperliche Veränderungen wie eine Ernährungsumstellung, oder emotionale oder spirituelle Veränderungen wie die Lösung von inneren Konflikten bezieht – Veränderungen, die notwendig sind, damit das Gleichgewicht des gesamten Organismus wiederhergestellt werden kann. Diese Methode ist eine Möglichkeit, die Bedrohung und das Problem einer Krankheit in eine Chance zu verwandeln, etwas zu erfahren, was dem Betreffenden dazu verhelfen kann, eine höhere Ebene des Wohlbefindens zu erlangen.

Häufig verwende ich auch eine ähnliche Methode, die ich »auf das Symptom hören« nenne. Diese Übung besteht darin, sich auf ein Symptom zu konzentrieren und zuzulassen, daß vor dem geistigen Auge ein Bild auftaucht, das dieses Symptom darstellt. Danach nimmt man den Dialog mit diesem Bild auf, um herauszufinden, warum es da ist, was es will und wie man den Bedürfnissen gerecht werden kann, die sich dahinter verbergen.

Die meisten Menschen, die mich in meiner Praxis aufsuchen, halten diese beiden Methoden für sehr nützlich. Mit den Jahren habe ich beobachtet, daß sich immer mehr Menschen auf diese Weise mit Krankheit und Gesundheit auseinandersetzen. Inzwischen kommen viele Menschen zu mir und beschreiben ihre Symptome folgendermaßen: »Ich habe das Gefühl, mein Körper versucht, mir etwas mitzuteilen, aber ich weiß nicht was«.

Aber die meisten haben immer noch das Gefühl, von ihrem Körper getrennt zu sein. Sie betrachten Krankheit gewöhnlich als etwas, das zufällig geschieht. Diese Menschen gehen zum Arzt, als würden sie ein Auto in die Werkstatt geben. Etwas ist kaputt und muß repariert werden. Für sie ist die Vorstellung, daß der Körper intelligent ist und bedeutungsvolle Signale gibt, die dazu dienen, den Körper wieder ins Gleichgewicht zu bringen, völlig neu. Manchmal müssen sie erst schwer krank werden, um sich mit dieser Vorstellung anzufreunden.

Kurz, Krankheit kann eine Situation schaffen, die erforderlich macht, daß wir uns damit beschäftigen, wie wir für uns selbst sorgen, wozu wir leben und was im Leben am wichtigsten für uns ist. Wenn wir den frühen Warnsignalen der Krankheit Aufmerksamkeit schenken – das heißt, nicht warten, bis die Symptome sehr ernst sind, sondern auch auf subtile Symptome achten –, kann dies oftmals eine Prävention sein. Noch besser ist es jedoch, sich ganz einfach regelmäßig Zeit zum Entspannen zu nehmen, um fortlaufend über sein Leben nachzudenken. Dadurch wird Krankheit überflüssig.

Wenn wir Symptome als intelligente Botschaften betrachten, die dazu dienen, das gesunde Gleichgewicht wiederherzustellen, müssen wir uns, wenn Symptome auftauchen, folgende Fragen stellen: Was ist hier nötig? Was können wir tun, um die Selbstheilungskraft des Körpers und Geistes zu stärken? Und was sollten wir vermeiden, das diese Fähigkeit beeinträchtigt? Wenn wir lernen, auf unsere eigene, innere Weisheit zu hören, trägt dies dazu bei, daß wir diese Bewußtheit entwickeln.

Je mehr Wissen wir besitzen und je größer unsere Bewußtheit ist, desto besser können wir den Prozeß unterstützen, das gesunde

Gleichgewicht wiederherzustellen. Dabei kann der Arzt/Therapeut/Heiler eine wichtige Rolle spielen, indem er wie ein Katalysator die Selbstheilungskraft fördert. Dies trifft in jedem Fall zu, ob es sich bei dem Heiler nun um einen Schamanen, einen Psychotherapeuten oder einen Chirurgen handelt.

Die vielleicht wichtigste Lehre, die ich aus meiner Arbeit gezogen habe, ist, daß ich ein Freund und ein Förderer der Heilung sein kann. Ich kann für die Menschen ein Führer sein, aber *nicht ich* bin es, der sie heilt. Ich versuche, Situationen zu schaffen, in denen eine Heilung möglich wird oder die sie fördern – Ruhe, Vertrauen, Glauben, Hoffnung, Enthusiasmus – und manchmal genügt schon die Vorstellung, daß Heilung möglich ist. Ich versuche, dem Betreffenden zu helfen, sich mit seinem eigenen Heilpotential zu beschäftigen, und hoffe, daß die höhere Macht, der wir unser Leben verdanken, ihm Heilung bringen wird.

Eine große Gefahr, die in der Heilkunst gelegentlich besteht, ist die übertriebene Identifikation mit der Heilfähigkeit. Therapeuten müssen immer daran denken, daß ihre Heilfähigkeit in der Hauptsache in dem Talent der Beeinflussung, Stimulation und Inspiration der Klienten, sich auf ihren eigenen Weg der Heilung zu begeben, liegt. Und bisweilen hilft nichts, was der Therapeut tut. Dies ist der zweite gemeinsame Nenner, der bei allen Heilmethoden hervorsticht: Keine Behandlungsmethode funktioniert immer. Wir wissen nicht warum. Doch sogar in ausweglosen Fällen kann eine Heilung stattfinden, auch wenn sie nicht körperlicher Natur ist. Eine tödliche Krankheit kann mit einer tiefen emotionalen und spirituellen Heilung verbunden sein, und wir können lernen, uns auch damit anzufreunden.

Martin Rossman, Dr. med., ist der Begründer und Leiter des »Collaborative Medicine Center« in Mill Valley, Kalifornien. Er ist Mitarbeiter der Medizinischen Fakultät der Universität von Kalifornien in San Francisco, und Mitglied des wissenschaftlichen Beratungsgremiums des »Institute for Advancement of Health«. Er ist Autor des Buches »Healing Yourself: A Step-by-Step Program to Better Health through Imagery«.

HETTY DRAAYER
Auf dem inneren Weg

Unsere Krankheiten und Leiden haben, wie wir immer mehr erkennen und verstehen, ihre Ursache sehr oft in uns selbst. Häufig fehlt es aber noch an der Einsicht, daß auch die Heilung aus uns selbst kommen muß, jedenfalls nicht einfach von außen verabreicht werden kann.

Um den »Heiler in uns« zu finden, müssen wir in einem ersten Schritt die Bereiche in uns kennenlernen, in denen wir Problemen aus dem Weg gehen, so daß sie uns beherrschen und krank machen können. Indem wir sie anschauen und auszuhalten versuchen, wird es uns möglich, etwas Konstruktives daraus zu machen.

In einem zweiten Schritt fragen wir uns, warum wir das Problem haben. Meistens erfahren wir dabei, daß wir ein bestimmtes Verhaltensmuster leben, das unser Problem verursacht und andauern läßt. Das kann zum Beispiel der Fall sein, wenn wir mit jemandem so verbunden sind, daß es uns unmöglich erscheint, die Beziehung abzubrechen, auch wenn sie uns nicht befriedigt und anhaltend schmerzhaft für uns ist; oder wenn unsere Arbeit die kreativen Möglichkeiten in uns nicht anspricht, so daß wir durch sie in unserer Entwicklung gehemmt statt gefördert werden, und wir – aus Angst vor Veränderung oder aus Trägheit – gar nicht oder nicht entschlossen genug nach einem neuen, befriedigenderen Aufgabenfeld suchen.

Erst wenn wir unsere Krankheiten und Leiden als Ergebnis zurückliegender eigener Entscheidungen zu verstehen lernen, können wir beginnen, wirksam für unsere Gesundheit zu sorgen, indem wir uns selbst ändern und Verantwortung für uns übernehmen. Wenn wir uns dann aber entscheiden, das krankmachende Verhaltensmuster beizubehalten, wissen wir, daß wir selbst es sind, der die Probleme fortdauern oder größer werden läßt.

Der dritte Schritt zur Heilung besteht darin, das krankmachende Muster loszulassen und in ein heilendes Muster zu verwandeln. Wenn wir anerkennen, daß das Problem in uns selbst liegt, und wissen, worin es besteht, können wir die Situation ändern. Tief in uns wissen wir ganz genau, was wir tun müssen, und daß es nur einen Weg gibt, den wir gehen können.

Wenn wir zum Beispiel unser Muster, von dem wir wissen, daß es ein falsches, ungesundes Muster ist, nicht ändern wollen, kommt irgendwann – unausweichlich – der Tag, an dem wir, auf unser Leben zurückschauend, realisieren, daß wir nichts erreicht haben. Zu spät kommt dann der Wunsch, damals doch auf unsere innere Stimme gehört zu haben.

Nur wenn wir das negative Muster in uns ändern, kann der Heiler in uns zu wirken beginnen. Die Wurzel von Krankheit sind innere Konflikte. Daher müssen alle unsere Verwicklungen angeschaut, ausgehalten oder losgelassen werden, so daß wir wirklich Abstand von ihnen gewinnen und uns verwandeln können. So sind es die Krankheitssymptome, die uns den Anstoß geben, uns helfen, uns nach innen zu wenden, in uns zu spüren, was wir falsch tun, wo wir unserem wahren Wesen nicht treu sind, nicht achten auf das, was für uns wichtig ist.

Meine Arbeit besteht aus einer besonderen Form der körperbezogenen Heilmeditation. Zentral für das Wirken des Heilers in uns ist der Atem. Wir atmen von der Tiefe des Beckens ein. Dabei entsteht ein Empfinden, als dehne sich das Zwerchfell durch das Einströmen des Atems zum Schambein hin aus und forme sich im Beckenraum zu einer Schale, deren Boden die Haut des Beckenbodens bildet. Wir nehmen diese Schale deutlich wahr: sie läßt den Beckenraum breit und tief werden, rundum warm ausstrahlend.

Den Ausatem spüren wir von oben, von 40 Zentimeter über unserem Kopf – unserem »Himmel« – her. Und wir folgen den durch den Scheitelpunkt einströmenden Energien durch die Mitte der Wirbelsäule, durch die Beckenschale, durch die Räume zwischen unseren Beinen und durch die Beine und Füße hindurch,

durch und zwischen den Zehen hinaus bis 40 Zentimeter unter den Fußsohlen. Dort – in unserer »Erde« – sind wir verwurzelt. Und es ist dieses Verwurzeltsein in der »Erde«, das uns hilft, unser Leben zu akzeptieren, wie es jetzt, in diesem Moment, ist, wie schwierig auch immer.

Wir machen uns bewußt, was zu schmerzhaft und dunkel in uns wirkt. Wir schauen es an, versuchen es auszuhalten und im Ausatem loszulassen, durch die geöffneten Füße in unsere »Erde« hinein. Indem wir dabei bewußt mit den Energien mitgehen, löst sich alles, was negativ ist, in die »Erde« hinein, und erst dann öffnet sich über uns der »Himmel«, strömt wieder neue Energie in uns hinein, um uns hin und durch uns hindurch – wie ein »Mantel der Liebe«, sage ich immer –: strahlend, uns schützend, heilend und wärmend.

Im Atem zwischen »Himmel« und »Erde« spüren wir die Stelle in der Wirbelsäule, in der Ein- und Ausatem sich begegnen. Sie liegt in der Mitte des Kreuzbeins. Hier ist zugleich der Punkt, an dem das im Ausatem durch den Scheitel einströmende weiße Licht gebrochen wird. Diesen Kreuzpunkt der Energien von Erde und Himmel, von Yin und Yang, nenne ich das »kosmische Auge«. Es ist die Stelle in uns, durch die wir verbunden sind mit unserem wahren Wesen: von hier aus öffnen sich alle unsere Poren, transformiert unser Körper in Energie, vibriert jede Zelle in uns im Einklang mit der uns durchströmenden kosmischen Energie. Das ist eine wunderbare Erfahrung, die heilend und reinigend durch uns hin wirkt. Wir sind dann nicht mehr begrenzt durch eine geschlossene, nicht atmende Haut, sondern eins mit der kosmischen Energie, mit dem kosmischen Atem, mit Gott.

Von der Tiefe unserer Mitte aus strahlen wir im Einatmen horizontal rundum aus, mit Liebe und Wärme. Der Ausatem, die vertikale Linie, läßt uns aufrecht da sein zwischen »Himmel« und »Erde«, in Wahrhaftigkeit. Wenn wir das in uns erleben dürfen, spüren wir, wie unser Körper lebendig wird und Vitalität ausstrahlt. Die Augen, die Haare, die Haut glänzen. Unsere Aura strahlt rundum kräftig und ungeteilt. Wir sind dann eins, heil.

Körper, Seele und Geist sind eine Einheit geworden. Wir erleben dies als ein Wunder, und wir spüren die vibrierende Stille, die alle Dinge, alle Menschen, alles, was ist und lebt, in Wärme und Liebe zusammenführt.

Diese Erfahrung hilft uns, uns für eine Wende zu entscheiden. Und wenn wir dann beginnen, unserer Einsicht und Entscheidung entsprechend zu üben, erfahren wir auch schon bald, welchen Segen der innere Weg, den man mitten in der äußeren Welt der Arbeit und des täglichen Lebens gehen kann, bereithält: daß wir nämlich in dem Maße stark und frei sind, unbekümmert und ohne Angst, in dem wir uns an das Überweltliche binden, das wir nun selbst in uns erfahren. Dann öffnen wir uns immer mehr unserem wahren Wesen und werden fähig, dies auch in der Welt zu bezeugen. Wir werden Person.
Person sein meint diejenige Verfassung, in der wir durchlässig werden für ein tieferes Sein, das nun auch durch uns erfahrbar wird und in der Welt bewährt sein will. Mit zunehmendem Durchlässigwerden erlangen wir auch tiefere Einsicht in das Negative und Dunkle, den Schatten in uns: Eifersucht, Angst, Schuld, Begierde, Aggressivität. Auch dieses Dunkel müssen wir akzeptieren, viel Schmerz müssen wir uns bewußt machen, muß in unserer Schale geheilt werden, in der Schale des Lichts, tief in unserem Becken. So lernen wir auch, uns selbst zu lieben und zu respektieren, finden wir Geborgenheit in uns. Letztlich trägt jeder den Meister in sich und weiß in seiner Tiefe genau, daß es ihm manchmal nur an Vertrauen und Glauben fehlt.
Nicht immer bedeutet Heilwerden aber, daß man auch körperlich gesund wird oder wieder gehen und sich selbständig bewegen kann. Heilsein kann, wenn eine körperliche Wiederherstellung nicht erreichbar ist, auch darin bestehen, daß man in sich ein Gleichgewicht gefunden hat, zwischen Innen und Außen, zwischen dem physischen Körper und dem emotionalen Körper, dem mentalen und dem spirituellen Körper. Auch dann ist die Aura, in der sich unsere Krankheiten vorbereiten und in der sie sich durch charakteristische Schwächung, Trübung oder durch Ge-

teilt- oder Zerrissensein spiegeln, wieder heil und strahlend. Und auch dann erfahren wir, daß es beim Heilen darum geht, das Dunkle in uns in Licht zu verwandeln, indem wir, getreu unserem Wesen, den inneren Weg gehen, mit Mut, Vertrauen und gläubiger Geduld.

Hetty Draayer, geboren in Indonesien, dort während des Zweiten Weltkrieges in japanischer Gefangenschaft zum Fragen und Suchen gelangt. Später Hatha und Raja Yoga. Seit 20 Jahren eigene praktische Arbeit mit Menschen, in der sich die Essenz westlicher Tradition mit Elementen verschiedener östlicher Systeme verbindet. Veröffentlichungen: »Finde dich selbst durch Meditation« (München: Kösel, 3. Aufl. 1989); »Offen zwischen Erde und Himmel« (München: Kösel, 1985); »Das Licht in uns« (München: Kösel, 3. Aufl. 1991) *und* »Zu neuen Räumen des Bewußtseins« (München: Kösel, 1989).
Originalbeitrag der deutschen Ausgabe.

TEIL 4

Die heilende Beziehung

Die Medizin ist nicht nur eine Wissenschaft,
sondern auch die Kunst,
eine Interaktion zwischen unserer eigenen Individualität
und der Individualität des Patienten herzustellen.

Albert Schweitzer

Die verborgene Grundlage des Heilens ist die Qualität der heilsamen Beziehung und nicht die Heilmethode. In diesem Teil des Buches erörtern die Autorinnen und Autoren den Zauber und die Schönheit, die entsteht, wenn sich zwei Menschen miteinander verbinden, um das Heilpotential von HeilerIn und Patient zu entfalten. Dieses besondere Band, das aus Mitgefühl, Vertrauen und der Bereitschaft, gemeinsam vorwärtszugehen, geschaffen wird, verwandelt den Heilungsprozeß und macht aus einer Behandlung eine Heilung.

Durch das Verbundensein im Herzen und im Geist erkennen wir, daß wir in unserem Leid tatsächlich eins sind. In dieser Beziehung machen sowohl HeilerIn als auch Klient tiefe Erfahrungen, und beide kommen mit ihren inneren Quellen in Berührung. Durch diese Einheit können in der Tat beide geheilt werden.

NORMAN COUSINS
Die Heilungsgleichung

Heilung kann als Gleichung betrachtet werden. Auf der einen Seite dieser Gleichung stehen die Möglichkeiten der Medizin sowie die Selbstheilungskräfte des Körpers. Auf der anderen Seite befinden sich die Kräfte, die Krankheit hervorrufen oder fördern.

Die Variablen dominieren auf beiden Seiten der Gleichung gegenüber den Konstanten. Die Medizin und unser Wissen über die Krankheitsauslöser sind alles andere als vollständig. Dasselbe gilt für die Funktion der Selbstheilungsfähigkeit des Körpers. Wir wissen jedoch, daß diese Fähigkeit zur Selbstheilung nicht nur ein einzelnes Organ umfaßt, sondern alle Systeme des Körpers.

Das »Heilsystem« wird in den medizinischen Lehrbüchern als solches nicht erwähnt. Es ist nicht im Register verzeichnet wie das Verdauungssystem oder das autonome Nervensystem. Das Heilsystem wird als eine andere Bezeichnung für das Immunsystem verwendet. Doch das Immunsystem heilt keinen gebrochenen Knochen oder verschließt eine Wunde, selbst wenn es versucht, die mit diesen Verletzungen verbundenen Infektionen abzuwehren. Das Heilsystem enthält diesen Schutzmechanismus, aber es überwacht auch alle Wiederherstellungsvorgänge. Wenn zum Beispiel ein Fingernagel geschnitten wird, empfängt das Gehirn ein Signal, das vermehrt porzellanähnliche Zellen in diesen verletzten Bereich schickt. Diese Zellen werden wiederum in einen Nagel umgewandelt, und das Gehirn erhält ein weiteres Signal, daß nun keine erneute Zellproduktion mehr notwendig ist. Wenn der Nagel wieder geschnitten wird, beginnt der Prozeß von vorne.

Der menschliche Körper ist eine riesige Fabrik, die alles überragt, was in der Industrie oder Technologie bekannt ist. Außer porzellanartigen Zellen kann der Körper holz-, seide-, plastikartige Materialien herstellen sowie Prismen, um nur einige von den Substanzen zu nennen – und all dies in mikroskopisch kleinen Fabriken, und immer genau dort, wo sie gebraucht werden. Man weiß nicht viel über den Prozeß, der diese Umwandlung vor Ort in Gang setzt, außer daß er sehr komplex und erstaunlich effizient ist. Wir gehen sehr selbstverständlich mit den Wundern unseres Körpers um und machen uns kaum die Mühe, einmal über sie und ihre Funktionsweise nachzudenken.

Die komplexen Interaktionen zwischen dem Gehirn, dem endokrinen System und dem Immunsystem sind vielleicht die am stärksten am Selbstheilungssystem des Körpers beteiligten Komponenten. Das Gehirn ist sowohl der Sitz des Bewußtseins als auch eine Drüse – vielleicht die produktivste Drüse im menschlichen Körper. Die vom Gehirn produzierten Sekrete wirken schmerzlindernd und aktivieren biologische Faktoren, die Krankheitserreger bekämpfen können, die Produktion von Enzymen und anderen chemischen Substanzen anregen, und die Anzahl der Immunzellen erhöhen, die Krankheiten bekämpfen. Einige Immunzellen haben beispielsweise die Fähigkeit, Krebszellen »aufzubrechen« und körpereigene chemische Giftstoffe darin zu deponieren, welche die Krebszellen eine nach der anderen abtöten. All diese Variablen müssen in der Heilungsgleichung berücksichtigt werden.

Natürlich können bestimmte Variablen die Fähigkeit des Körpers, Krankheiten abzuwehren, beeinflussen. Depressionen, Angst oder Panik beeinträchtigen beispielsweise die Funktion des Immunsystems und auch andere Körpersysteme. Sobald der Patient jedoch von diesen negativen Emotionen oder Erfahrungen befreit worden ist, reagiert das Immunsystem oftmals stärker.

Deshalb spielen Gefühle und Stimmungen eine offensichtliche und nachweisbare Rolle im Heilungsprozeß. Positive emotionale Faktoren wie ein starker Lebenswille, feste Entschlossenheit, Zielstrebigkeit und Fröhlichkeit können als Blockaden gegen die negativen Faktoren betrachtet werden, die das Immunsystem schwächen. In gewissem Sinne sind daher positive Emotionen am Kampf gegen Krankheit beteiligt. Nicht nur negative Einstellungen und Emotionen beeinflussen die Gesundheit. Der Körper ist ein reziproker Mechanismus. Alles, was ihn emotional beeinflußt, wirkt sich entweder im positiven oder im negativen Sinne aus.

Positive Einstellungen und Gefühle können zu einer wirkungsvollen Behandlung beitragen. Patienten, die Vertrauen in sich selbst und ihre Ärzte haben, profitieren mehr von einer medizinischen Behandlung als diejenigen, die eine Behandlung mit dem Gefühl der Verzweiflung oder Niederlage beginnen. Offensichtlich ist eine positive Einstellung kein Ersatz für eine medizinische Behandlung, aber dennoch ist sie ein fester Bestandteil derselben. Ich bin zu der Erkenntnis gelangt, daß man in bezug auf die Heilungsgleichung die verschiedenen Lebenseinstellungen nicht unterschätzen darf.

Obwohl ich kein Arzt bin, habe ich während meiner 10jährigen Tätigkeit an der »UCLA Medical School« mit mehr als 500 Patienten gearbeitet und sie beobachtet. Meiner Ansicht nach gibt es nur wenige Faktoren, die wichtiger sind, als die Art und Weise, wie der Arzt mit seinem Patienten spricht. Ich kann mich an keinen einzigen Fall entsinnen, wo es nicht notwendig oder gerechtfertigt gewesen wäre, den Patienten zu beruhigen. Wenn die Aussichten der Behandlung nicht positiv dargestellt werden, werden die Behandlungserfolge beeinträchtigt. Die Einstellung zur Behandlung wirkt sich wiederum auf das Immunsystem aus. Die Hoffnungen des Patienten sind die besten Verbündeten des Arztes. Der Arzt, der sich diese Hoffnungen zunutze macht und sie stärkt, schafft eine Atmosphäre, in der seine Behandlung die optimale Wirkung erzielen kann.

Wenn im umgekehrten Fall ein Patient nach der Diagnose in einem Gefühlschaos zurückbleibt, unterstützt diese Stimmung das rasche Fortschreiten der Krankheit. Verzweiflung kann die Wirkung einer Behandlung stark beeinträchtigen. Es erfordert großes Fingerspitzengefühl, mit der Einstellung des Patienten umzugehen. Dies bedeutet nicht, daß der Arzt den Patienten über seinen Zustand im Unklaren lassen sollte. Er muß eine ehrliche

Diagnose stellen, die er dem Patienten jedoch nicht als sein unabwendbares Schicksal darstellt, sondern als Herausforderung. Ich bewundere die Ärzte, die einem Patienten eine katastrophale Diagnose so unterbreiten, daß das Beste in ihm zum Vorschein kommt. Niemand sollte jemals eine Arztpraxis ohne Hoffnung verlassen. Der kluge Arzt erkennt, daß in medizinischen Zeitschriften regelmäßig über Heilungen berichtet wird, die im Widerspruch zu den Vorhersagen der Experten stehen. Diese Berichte können eine therapeutische Wirkung haben, denn sie stärken die Hoffnungen des Patienten. Deshalb wird der kluge Arzt alles tun, was in seiner Macht liegt, und dem Patienten darüber hinaus helfen, seine eigenen Selbstheilungskräfte zu mobilisieren – nämlich das körpereigene Heilsystem.

In der Heilungsgleichung trägt der Arzt deshalb sein Bestes im Rahmen der Möglichkeiten der Medizin bei, und der Patient das Beste, was Millionen Jahre der Evolution zu bieten haben. Aber das »Beste« des Arztes umfaßt nicht allein die Technologie. Zur bestmöglichen Behandlung gehört vor allem, die Hoffnung des Patienten zu stärken. Der Arzt, der den Patienten nur mit negativen Gedanken entläßt, öffnet Panik und Depression Tür und Tor, wodurch die Chance des Patienten noch geringer wird, den optimalen Nutzen aus der Behandlung zu ziehen.

Es gibt zu viele geheilte Patienten, welche die pessimistischen Vorhersagen von Ärzten widerlegen, um düstere Prognosen rechtfertigen zu können. Man kann sagen, daß ein Arzt niemals berechtigt ist, einen Fall aufzugeben, oder irgend etwas zu sagen oder zu tun, was den Willen des Patienten, wieder gesund zu werden, schwächt. Obwohl wir die Schwere einer Krankheit niemals unterschätzen sollten, ist es ebenso wichtig, niemals die Fähigkeit des Patienten zu unterschätzen, sich der Herausforderung der Krankheit erfolgreich zu stellen.

Niemand möchte den Patienten falsche Hoffnungen machen, noch wollen wir sie unnötig in Angst versetzen. Leider raten die Rechtsberater den Ärzten oft, den Patienten die schlimmste Prognose zu stellen, um zu vermeiden, wegen eines Kunstfehlers gerichtlich belangt zu werden. Aber wenn man den Patienten die schlimmste Prognose stellt, besteht das Problem darin, daß sich die Prophezeiung oftmals erfüllt. Wenn es um unsere Heilung geht, neigen wir dazu, uns so zu verhalten, daß sich unsere Erwartungen bestätigen.

Diese Tatsache weist wiederum darauf hin, wie wichtig das Fingerspitzengefühl des Arztes ist. Zweifellos müssen sich die Ärzte davor schützen, wegen eines Kunstfehlers angeklagt zu werden. Aber die Statistik zeigt, daß die Ärzte, die das stärkste Vertrauensverhältnis mit ihren Patienten haben, am wenigsten belangt werden. Eine gute Beziehung zwischen Arzt und Patient ist vielleicht das beste Mittel, um dem Patienten die Angst zu nehmen und die Selbstheilungskräfte seines Körpers am meisten zu mobilisieren. Die Vorstellung von der Partnerschaft von Arzt und Patient ist vielleicht der stärkste Faktor in der Heilungsgleichung.

Norman Cousins, Dr. phil., ist der Vorsitzende der Projektgruppe für Psychoneuroimmunologie und außerordentlicher Professor für Medizin an der »School of Medicine at UCLA«. Er hat zwanzig populäre Bücher veröffentlicht, darunter »Anatomy of an Illness« (»Der Arzt in uns selbst«. Reinbek: Rowohlt, 1988), »The Healing Heart«, »Human Options«, »The Physician in Literature« *und in jüngster Zeit* »The Human Adventure« *und* »Pathology of Power«.

TED KAPTCHUK
Heilung als gemeinsame Reise

Die Heiler der verschiedenen Heiltraditionen wenden unterschiedliche Praktiken an, um die Unannehmlichkeiten und Behinderungen des Lebens zu behandeln. Manchmal können ihre Methoden eine Veränderung bewirken, manchmal auch nicht. Jede Heiltradition oder Behandlungsmethode verwendet ihre eigenen Definitionen, Kategorien und Mittel. Die Chirurgen entfernen Tumore, die Vertreter der Akupunktur bringen die Chi-Kraft in Harmonie, die Schamanen besänftigen oder vertreiben Dämonen und böse Geister, die Chiropraktiker richten die Wirbelsäule aus, die Internisten verschreiben fehlende Hormone, die Psychologen befreien unterdrückte Emotionen und die Gesundbeter bringen ihre Klienten wieder in Kontakt mit der Willenskraft und der Kraft des Glaubens. Jeder Heiler, egal mit welcher Methode er arbeitet, hat seine eigene Vorstellung davon, was im Kosmos wichtig und was der wirkungsvollste Katalysator für eine Veränderung ist.

Zweifellos sind die Methoden der verschiedenen Heilsysteme wichtig. Sie sind die Eckpfeiler des Heilungsprozesses. Aber sie haben eine natürliche Grenze. Jeder Ansatz reduziert die Komplexität des Patienten, eines einmaligen Wesens, indem er ihn in eine begreifbare und manipulierbare Kategorie einordnet. Stephanus, ein griechischer Arzt, der im 16. Jahrhundert in Byzanz lebte, erkannte dieses Dilemma und brachte dies zum Ausdruck, als er sagte, die Medizin leide unter einem fundamentalen Widerspruch: die Theorie der Medizin beschäftigt sich nur mit dem Universellen, während sie in der Praxis mit Individuen zu tun hat. Da kein Mensch dem anderen gleicht, sind die Unterschiede unbeschreiblich groß und lassen sich in kein allgemeingültiges Konzept fassen.

Wie läßt sich daher die Kluft zwischen einer Heilmethode und einem bestimmten Individuum erfolgreich überbrücken? Wie können wir über den ideologischen Standpunkt hinausgelangen? Wie gelingt es einem Heiler mit einer speziellen Behandlungsmethode dennoch, eine tiefe und sehr persönliche Beziehung zu einem anderen Menschen herzustellen? Gibt es in den Heilkünsten einen gemeinsamen, roten Faden, der es ermöglicht, daß das Unfaßbare für uns begreifbar wird? Ich glaube ja.

In einem platonischen Dialog erzählt Sokrates dem jungen Charmides im Gymnasium des Taureas, er kenne eine Heilpflanze, die Kopfschmerzen lindert, aber nur, wenn man sie mit einem »Zauberspruch« einnimmt. Diese universelle Zauberformel, so scheint mir, hat mit der Resonanz zwischen dem Heiler und dem Patienten zu tun, in der das Unbegreifbare begreifbar wird.

Die Poesie dieses Zauberspruchs weckt das Verständnis und ein Gefühl der Verbundenheit. Der Zauberspruch wird in einem besonderen Ritual des Vertrauens, der Intimität, Verantwortlichkeit, Zuverlässigkeit und Fürsorge, das die Grundlage jeder Heilung ist, gesprochen. Die Sorge, Aufmerksamkeit und Liebe des Heilers für den Patienten schafft ein besonderes Band und erhebt auf diese Weise eine einfache Behandlungsmethode zur Heilkunst.

Der sich seiner selbst bewußte Heiler ist nicht an der Behandlung allein interessiert, sondern vielmehr an der Heilung. Er kennt den wahren Weg ins Zentrum einer Störung. Wahre Heilung ist eine Reise, die mit Unterstützung des Heilers in das verletzte und kranke Selbst führt, und deren Zweck darin besteht, in eine Tiefe des Menschseins einzudringen, die weiter reicht als die Tragödie irgendeiner Krankheit. Der Heiler führt den Patienten in die Störung und Krankheit hinein, ob sie nun heilbar oder unheilbar ist, um dort eine Genesung und Gesundheit zu finden, die das wahre Selbst spiegelt und manifestiert.

Heilung spielt eine wesentliche Rolle, wenn wir in unseren schlimmsten Zeiten die Quelle unseres Seins entdecken wollen. Sie ist unsere aufrichtige und potentiell gesunde Reaktion auf Chaos, Schmerz und Leid. Die Heiler machen aus der Krankheit, den Heilmethoden und ihrer besonderen, heilsamen Beziehung zum Patienten eine Gelegenheit, die Wahrheit über uns selbst zu finden.

Heilung findet nicht nur statt, wenn wir krank sind. Vielmehr ist sie ein Teil unseres Wachstumsprozesses und gehört zu unserer Lebensreise.

Ted Kaptchuk, O.M.D., ist Leiter der »Pain and Stress Relief Clinic« am »Lemuel Shattuck Hospital« in Boston. Er besitzt ein Doktorat in östlicher Medizin und ist einer der wenigen Heiler, die in einem konventionellen Krankenhaus arbeiten. »Das große Buch der Chinesischen Medizin« (Bern/München: Scherz, Sonderausg. 1990) *wird als klassische Abhandlung über die chinesische Medizin betrachtet.*

ROSALYN BRUYERE
Faktor Mitgefühl

Heilung entsteht aus Mitgefühl. Mitgefühl ist die aufrichtige Sorge um den Patienten. Es unterscheidet sich vom Mitleid, das eine Identifikation mit dem anderen erfordert und nicht mit dem eigenen Streben nach Erleuchtung in Verbindung gebracht werden kann. Mitgefühl spiegelt den Wunsch, den Patienten von seinen Sorgen zu befreien, egal welche Unterschiede oder Ähnlichkeiten zwischen dem Heiler und dem Patienten bestehen. Ohne Mitgefühl fehlt dem Heiler der Wille, eine Antwort zu finden, das Problem zu erforschen, eine Behandlungsweise festzulegen und dem Patienten in dem harten Kampf beizustehen, um die Seele des Leidenden zu erwecken.

Der Heiler verwendet ein Ritual, um die Aufmerksamkeit zu konzentrieren, sich von der persönlichen auf die transpersonale Ebene zu begeben und das Mitgefühl zu wecken und zu stärken. Er richtet einen heiligen Raum oder »temenos« ein, der vom normalen Alltag abgeschlossen ist, und in dem er die Energie erzeugen kann. In der alten Welt und in den ursprünglicheren (im Gegensatz zu primitiven) Kulturen in unserer Zeit begriff und begreift man die Existenz von heiligen Stätten. Ein Berg ist ein heiliger Ort, weil er ein einzigartiges Magnetfeld hat. Wenn kein solches, natürliches Energiefeld vorhanden ist, schafft der Heiler eines, um einen Verstärker und Katalysator zur Verfügung zu haben, der die Veränderung und das Wachstum beschleunigt. Dieser zeitlose Ort, an dem es mehr Harmonie und weniger Leid gibt, kann auch die Seele des Patienten herbeilocken, ohne die keine wirkliche Heilung möglich ist.

Die Menschen der alten und modernen Zeit klagen darüber, daß Leid ein seelenloser Zustand ist. Ein Teil des Rituals besteht darin, die Seele dazu zu bringen, dem Patienten in Zeiten der Not beizustehen. In manchen Religionen bedeutet dies, Gott gut zuzureden. Andere betrachten dies als eine Einladung an einen Aspekt der menschlichen Seele, der nicht in einem irdischen Dasein wohnt. Der mitfühlende Heiler, dessen Seele anwesend ist, weckt die Seele des anderen.

Das Erwachen der Seele ist eine Erfahrung der Größe und »Einzelligkeit«. Dem Heiler, der dies gespürt hat, bringt diese Erfahrung jedesmal große Erleichterung, eine kurze Aufhebung der Einsamkeit, die man verspürt, wenn man sich als getrennt empfindet. Er begreift seine Rolle, die er bei der Heilung spielt, in einzigartiger Weise, und erhält die Vergewisserung, daß er bei seiner Arbeit nicht alleine ist, sondern mit der Macht des Universums verbunden. In dieser Verbundenheit erneuert und vertieft sich das Mitgefühl. Aus dieser Quelle, aus dieser Veränderung, die diese Erfahrung im Heiler bewirkt, entspringt das Mitgefühl für den leidenden Mitmenschen.

Ob im Tempel zu Epidaurus oder in einem Augenblick der Gefahr auf einer modernen Autobahn, es ist das Mitgefühl, aus dem heraus der Heiler wirkt. Das Mitgefühl wird durch das Ritual verstärkt, eine heiligen Raum zu schaffen. Wenn dieser heilige Ort vorhanden ist, fließt das Mitgefühl in die vorübergehende und doch zeitlose Verbindung der Seelen ein. Ohne Mitgefühl gibt es nur Technik oder Technologie – die zwar interessant sind, aber nicht heilen.

Rosalyn Bruyere ist die Begründerin der »Healing Light Center Church« in Glendale, Kalifornien. Sie lehrt das Heilen durch Handauflegen auf Vortragsreisen in der ganzen Welt. Sie war an Forschungsprojekten über Heilen an der UCLA beteiligt und ist Autorin des Buches »Wheels of Light«.

ROLLO MAY

Die mitfühlende Beziehung – Voraussetzung für Heilung

Meiner Ansicht nach ist Mitgefühl das wesentliche Element jeder Heilung. Das Wort »Mitgefühl« klingt ähnlich wie »Mitleid«, aber tatsächlich unterscheidet sich die Bedeutung der beiden Begriffe voneinander. In diesem Zusammenhang bedeutet es, daß der Heiler die Heilung nicht durch Mitleid oder sentimentale Gefühle unterstützt, sondern durch eine Art subtiler Kommunikation. Wenn man Mitgefühl zeigt, findet ein nonverbaler Austausch statt, wobei sich die Stimmung, das Vertrauen und die Einstellung verändert, die zwischen dem Arzt und Patienten, Therapeut und Klienten oder allen anderen Menschen, die eine tiefe Beziehung zueinander haben, vorherrscht.
Mitgefühl ist die Erfahrung von gegenseitigem Verständnis. Wenn Sie in ein Musikgeschäft gehen und dort die Saite einer Violine anschlagen, schwingen alle anderen Instrumente in dem Geschäft mit. In gleicher Weise können Menschen in einem solchen Maß in Schwingung miteinander kommen, daß auf einer subtilen Ebene gegenseitiges Verständnis erwächst. Im Extremfall kann dieser Austausch die Form von Telepathie annehmen. Mitgefühl ist sowohl die Grundlage von Liebe als auch von Haß. Es ist die Art und Weise, in der man einen anderen intuitiv und ohne Worte verstehen und »erreichen« kann.
Die Eingeborenen in Zentralafrika sind ein gutes Beispiel für die Funktion des Mitgefühls. Wenn ein ganzer Pygmäenstamm glaubt, daß ein Stammesangehöriger bald sterben wird, geschieht dies gewöhnlich auch. Eine Erklärung dafür ist, daß die kollektive Stimmung und Einstellung des Stammes einen enormen Druck auf den Betreffenden ausübt, dem er gewöhnlich nachgibt. In

diesem Zusammenhang schafft das Mitgefühl die Atmosphäre für das, was daraufhin geschehen wird.
Diese destruktiven Wirkungen des Mitgefühls habe ich in meinen beiden Büchern »Antwort auf die Angst« und »Liebe und Wille« detailliert ausgeführt habe. An dieser Stelle erscheint es mir wichtig zu erwähnen, daß Mitgefühl auch eine positive Heilwirkung erzielen kann. Wenn beispielsweise ein Arzt, ein Therapeut oder eine Gruppe glaubt, daß ein anderer geheilt werden kann, besteht die Möglichkeit, daß die Heilung auch stattfindet. Je mehr Menschen die Heilung für möglich halten, desto stärker überträgt sich diese Stimmung durch Mitgefühl auf den Menschen, der Heilung braucht.
Das Seltsame an der Heilung ist jedoch, daß sie oftmals auch mit negativen Emotionen verbunden ist. Negative Emotionen können der Auslöser sein, in einer Psychotherapie oder einer anderen Behandlung aufrichtig seine Gedanken zum Ausdruck zu bringen. In manchen Fällen spielen die negativen Emotionen eine entscheidende Rolle bei der Heilung und sind das einzige Mittel, um die Heilung des Patienten zu fördern.
Mein Freund, Dr. Irving Yalom, beispielsweise, der mit schwerkranken Krebspatienten arbeitete, stellte fest, daß alle seiner Patienten außer einem starben: eine Frau, die sehr wütend auf ihre Krankheit war. Ihre Wut hielt sie am Leben.
Ein weiteres Beispiel für die Bedeutung der negativen Emotionen bei der Heilung findet man in der Arbeit der Anonymen Alkoholiker, die uns eine Menge über die erfolgreiche Behandlung des Alkoholismus beigebracht haben. Eine Methode der AA besteht darin, die Verzweiflung des Patienten zu verstärken. Obwohl wir Verzweiflung gewöhnlich als negative Emotion betrachten, kann sie in dem Betreffenden ein Gefühl der Demut und die Liebe zu einer höheren Macht im Universum hervorrufen. Daraus wird ersichtlich, daß die Emotionen, die wir häufig als negativ betrachten, bei bestimmten Formen der Heilung bisweilen die wirkungsvollsten Katalysatoren sind.
Ich habe die Behauptung aufgestellt, die mitfühlende Beziehung sei die Grundlage jeder Heilung. Aber da Mitgefühl mit dem

gesamten Spektrum der Emotionen und Einstellungen verbunden ist, einschließlich der negativen Gefühle wie Wut und Verzweiflung, wäre es falsch, Heilung nur im Zusammenhang mit Sympathie zu sehen. Mitgefühl bringt ein Erfahrungsspektrum in die heilende Beziehung ein, das weitaus größer ist, als wir es normalerweise gewöhnt sind. Der erfolgreiche Therapeut muß in der Lage sein, auf jede Emotion, die wirklich therapeutisch ist, zu reagieren oder sie in dem Klienten hervorzurufen.

Heilung sollte nicht zu sehr vereinfacht werden. Sie ist ein komplexer und sehr geheimnisvoller Vorgang. Erfolgreiche Heiler lassen sich in der Hoffnung auf dieses wunderbare und mysteriöse Geschehen ein, größeres Verständnis zu erlangen.

Aber obwohl dieser Vorgang sehr komplex ist, kann man die vorherrschenden Faktoren klar erkennen, die jeder Heilung zugrunde liegen. Mitgefühl ist einer davon. Ein Heiler, der mitfühlend ist, ist wahrscheinlich mehr auf den Patienten konzentriert und achtet wirklich darauf, was im Augenblick geschieht. Dieser Heiler kann seine Voreingenommenheit in bezug auf das, was getan werden muß, aufgeben, wodurch er leichter herausfinden kann, was der Patient wirklich braucht. Durch wahres Verständnis, das man durch Mitgefühl erlangt, findet jede erfolgreiche Heilung statt.

Rollo May, Dr. phil., ist seit vielen Jahren eine führende Persönlichkeit in der existentiellen und humanistischen Psychologie. Augenblicklich praktiziert er in Tiburon, Kalifornien. Zahlreiche Veröffentlichungen: »Antwort auf die Angst« (Frankfurt a.M.: S. Fischer, 1984); »Die Erfahrung: ›Ich bin‹« (Paderborn: Junfermann, 1986); »Liebe und Wille« (Köln: Edition Humanistische Psychologie, 1989); »Der Mut zur Kreativität« (Paderborn: Junfermann, 1987); u.a.

STANLEY KRIPPNER
Prüfsteine des Heilungsprozesses

Meine Beschäftigung mit eingeborenen Heilern hat mich in sechs Kontinente geführt. Über die Jahre hinweg hatte ich Gelegenheit, Zeuge vieler erfolgreicher Heilungen zu werden. Ich habe beobachtet, daß eine erfolgreiche Behandlung zwangsläufig eines oder mehrere der folgenden fundamentalen Prinzipien erforderlich macht, die auch den gemeinsamen Nenner des Heilens darstellen:

1. Bestimmte Persönlichkeitsmerkmale des Heilers scheinen die Genesung des Patienten zu fördern.
2. Die positiven Erwartungen des Klienten unterstützen die Heilung.
3. Das Gefühl, die Krankheit beherrschen zu können, stärkt den Klienten.

Heiler, Therapeuten und Ärzte stimmen darin überein, daß manche Heiler Charakterzüge besitzen, die therapeutisch wirken, während anderen diese Eigenschaft fehlt. Nicht nur die tatsächlich vorhandenen Wesensmerkmale des Heilers sind von Bedeutung, sondern auch diejenigen, die der Klient auf den Heiler überträgt. Der Vorgang der Projektion wird von Psychotherapeuten »Übertragung« genannt, und spielt eine entscheidende Rolle in bezug auf den Erfolg der Therapie.
Carl Rogers beobachtete, daß die Ausbildung und das Wissensreservoir des Therapeuten in keinem Zusammenhang mit den positiven Therapieerfolgen stehen, obwohl diese Hintergrundinformation für den Therapeuten wertvoll ist. Rogers erkannte, daß Mitgefühl, nicht-besitzergreifende Wärme und Aufrichtigkeit am engsten mit einer Verhaltensänderung des Klienten verbunden sind.
Der zweite gemeinsame Nenner der Heilung ist die Erwartungs-

haltung des Klienten. Viele Studien liefern eine Fülle von Beweisen für die Wichtigkeit der Erwartung des Patienten. Die Erwartung hinsichtlich des Heilungsprozesses erfüllt sich oftmals, wenn die Erwartungen stark genug sind. In einer Studie wurde eine Patientengruppe vor der Operation vor den postoperativen Schmerzen gewarnt. Die Patienten machten Atemübungen, um ihre Schmerzen zu lindern. Eine andere Gruppe wurde nicht vorgewarnt und erhielt keine Übungen. Die Patienten, die auf die Schmerzen vorbereitet worden waren, brauchten nur halb so viele Schmerzmittel wie die andere Gruppe, und sie verließen das Krankenhaus im Durchschnitt fast drei Tage früher.
Im Jahre 1974 beobachtete ich Nemesion Taylo, einen christlichen Geistheiler, bei seiner Arbeit in Manila. Seine erste Patientin an diesem Tag war eine ältere Frau, die von ihren besorgten Verwandten hereingebracht wurde, die seufzten: »Arme Oma. Sie hat den Verstand verloren. Sie kann sich nicht an unsere Namen erinnern. Sie ist von bösen Geistern besessen.« Taylo bat sie, sich auf einen Tisch zu legen, und berührte ihre Zehen- und Fingerspitzen und ihre Stirn mit seinem großen Diamantring. Als sich der Ring dem Körper näherte, krümmte sich die Frau vor Schmerzen. »Ja, es scheint sich um eine Besessenheit zu handeln«, murmelte Taylo, und die Verwandten nickten zustimmend. Taylo massierte verschiedene Körperteile der Frau einige Minuten lang, wobei er ihre Gliedmaßen hob und wieder senkte. Dann betete er zu Jesus Christus und führte den Ring wieder an ihren Körper heran. Diesmal zeigte sie keine Schmerzreaktion. Statt dessen lächelte sie ihre Angehörigen an, und, als Taylo auf jeden einzelnen Verwandten deutete, nannte sie ihn richtig bei seinem Namen. Als die Familie die heilige Stätte voller Freude verließ, flüsterte mir Taylo zu: »Ja, vielleicht war die Frau besessen. Oder vielleicht brauchte sie nur ein wenig Aufmerksamkeit.« In diesem Fall trugen die Persönlichkeitsmerkmale des Heilers dazu bei, die positiven Erwartungen der Patientin zu stärken, so daß sich ihr Zustand zumindest vorübergehend besserte.
Der letzte gemeinsame Nenner hat mit dem Gefühl des Patienten zu tun, die Oberhand über seine Krankheit gewinnen zu können,

was ihm das Wissen verschafft, was er in Zukunft tun muß, um mit den Unannehmlichkeiten des Lebens fertigzuwerden. In Hinsicht auf eine körperliche Krankheit fühlt sich der Patient vielleicht besser und kann wieder zur Arbeit gehen. Darüber hinaus hat er Selbstdisziplin gelernt und weiß über Ernährung und sportliche Betätigung Bescheid sowie über andere vorbeugende Maßnahmen, die einen Rückfall verhindern. Was psychische Probleme angeht, hat der Klient vielleicht Gebete gelernt, die böse Geister vertreiben, und positive Einstellungen, die Angst und Depression verhindern, sowie Traumdeutungsmethoden, die ihm das Gefühl persönlicher Macht verleihen.

Lernen und Macht haben sind wichtige Bestandteile der Heilung. Darüber hinaus verdeutlichen sie den Unterschied zwischen »behandeln« (die Beseitigung der Krankheitssymptome und Wiederherstellung der Gesundheit des Patienten) und »heilen« (das Herstellen der Ganzheit von Körper, Geist, Emotionen und Seele). Mit anderen Worten, ein Patient kann vielleicht nicht körperlich geheilt werden, weil seine Krankheit tödlich oder chronisch ist. Doch derselbe Patient könnte geistig, emotional und spirituell geheilt werden, wenn ihn der Heiler dazu bringt, sein Leben zu überdenken, einen Sinn darin zu finden, und sich mit seinem Tod auszusöhnen oder zu lernen, das Leid einer chronischen Erkrankung auf ein Minimum zu reduzieren und mit der Krankheit umzugehen.

Ich begegnete Rolling Thunder, einem Medizinmann, der in Nevada lebt, zum ersten Mal im Jahre 1979. Seitdem habe ich ihn bei einigen Heilungen und Konsultationen beobachtet. Einmal hörte ich, wie er einem Klienten Anweisungen gab, der ihn wegen einer Traumdeutung aufgesucht hatte. Anstatt dem Klienten zu sagen, was der Traum bedeutete, bat Rolling Thunder den Klienten, sich in jede Figur hineinzuversetzen, die in dem Traum vorkam, so daß er den Traum selbst interpretieren könnte. Er lieferte ihm Hilfsmittel anstatt Antworten.

Meine Beobachtungen an eingeborenen Heilern haben mich davon überzeugt, daß ihre innere Weisheit und ihr überliefertes Wissen viele Ansätze der Heilkunst enthalten, die die Beachtung sowohl der westlichen Ärzte als auch der Forscher verdienen. Aus alldem habe ich erkannt, daß die Charaktereigenschaften des Heilers, die positive Erwartungshaltung des Patienten und ein Gefühl der persönlichen Macht die drei wichtigsten Heilqualitäten sind, die überdauert haben. Zweifellos sind sie die drei Prüfsteine des Heilens.

Stanley Krippner, Dr. phil., ist Professor für Psychologie und Leiter des »Center for Consciousness Studies« am »Saybrook Institute« in San Francisco. Veröffentlichungen: mit Ullman, Montague / Vaughan, Alan: »Traumtelepathie« (Braunschweig: Aurum, 1977); *mit Feinstein, David:* »Persönliche Mythologie« (Basel: Sphinx, 1987); *mit Scott, Patrick:* »Zwischen Himmel und Erde. Spirituelles Heilen der Schamanen, Hexen, Priester und Medien« (Mössingen: Chiron, 1987).

TEIL 5

Die Rolle des Heilers

Kein Mensch kann dir irgend etwas offenbaren,
es sei denn, es ist dir bereits halb bewußt.

Kahlil Gibran

Die Autorinnen und Autoren dieses Teils des Buches beschäftigen sich mit einem seltsamen Paradoxon. Die Rolle der Heilerin oder des Heilers besteht *nicht* darin zu heilen. Vielmehr befähigen sie den Patienten, Heilung zu erzielen.

HeilerInnen sind mächtige, aber passive Führer. Sie müssen ein starkes Gefühl ihrer selbst bewahren, dürfen sich von ihrem Ego jedoch nicht behindern lassen. Sie dienen als Spiegel für den Patienten und gleichzeitig sind sie ihm ein Vorbild.

Aufgabe der HeilerInnen ist es daher, die Selbstheilungskräfte des Patienten zu stärken, sowie sein Selbst-Bewußtsein, seine Selbstliebe und seinen Selbstausdruck zu fördern. Sie müssen dem Patienten, sich selbst und dem Heilungsprozeß Vertrauen, Liebe und Aufmerksamkeit schenken. Die HeilerInnen sollten auf der physischen, emotionalen und spirituellen Ebene wirken. Sie können sich jedoch auch um globale Belange kümmern.

DOLORES KRIEGER
Das zeitlose Heilkonzept

Es gibt unendlich viele Heilmethoden, vielleicht so viele, wie es Möglichkeiten gibt, Mitgefühl für unsere Mitmenschen zu haben. Auf meinen Reisen hatte ich das Glück, mich mit Heilern aus vielen Kulturen anfreunden zu können. In unseren Gesprächen über den Heilungsprozeß war ich immer wieder beeindruckt, wie ähnlich unsere Erfahrungen mit Kranken waren und welch ähnliche Eindrücke wir in Hinsicht auf die Wirkungsweise dieser Erfahrungen hatten.
Die Heiler sind sich darüber einig, daß es viele Wirklichkeiten gibt, die die vielschichtigen Bewußtseinszustände, die uns zur Verfügung stehen, widerspiegeln. Auf welche Realität wir uns beziehen, hängt weitgehend von dem Bewußtseinszustand ab, der bestimmend dafür ist, wie wir unsere Interaktionen mit dem Universum wahrnehmen. Deshalb lebt jeder Mensch letztlich in seiner eigenen Realität. Dennoch gibt es Gemeinsamkeiten im Denken, die uns als Menschen miteinander verbinden. Dies gilt für all unsere Bemühungen einschließlich dem Akt des Heilens.
Menschen, die viel Erfahrung darin haben, Kranken zu helfen oder sie zu heilen, sind oftmals von den sogenannten ordnenden Prinzipien beeindruckt. Diese Prinzipien werden im allgemeinen nur wenig verstanden, scheinen dem Heilungsprozeß aber zugrunde zu liegen. Hierfür gibt es eine Überfülle von Beispielen. Wir brauchen nur einmal das Heilen einer Wunde zu beobachten – sagen wir, einer kleinen, aber tiefen Schnittwunde an der Hand –, um verwundert festzustellen, daß sie oftmals verheilt, ohne eine Narbe oder ein anderes sichtbares Zeichen dafür zu hinterlassen, daß das ehemals gesunde Gewebe verletzt worden ist. Sogar auf dieser groben Ebene der direkten Beobachtung scheint

dies ein überzeugender Beweis dafür zu sein, daß hier ein organisierender Faktor am Werk ist.
Wenn wir den Heilungsprozeß jedoch subtiler betrachten würden, wäre unser Staunen noch größer. Wir würden erkennen, daß der Heilungsprozeß mit unterschiedlichen Organisationsebenen verbunden ist. Das Material für sieben Zellschichten wird offensichtlich an die richtige Stelle transportiert, während das Gewebe wieder zusammenwächst und die Hand wieder voll funktionsfähig wird. Wenn wir diesen Prozeß noch genauer untersuchen, wird zunehmend klar, daß bestimmte, weniger offensichtliche, aber genauso bedeutsame Faktoren aktiv an dem Geschehen beteiligt sind.
Einer dieser Faktoren ist die Synchronisation. In unserem Beispiel von der heilenden Schnittwunde müssen verschiedene biochemische Substanzen auf der Molekularebene produziert werden und zwar nach einem hervorragend synchronisierten Zeitablauf. Doch während wir diesen Vorgang vielleicht staunend verfolgen, erhebt sich eine provozierende und tiefgründige Frage: Wer – oder vielleicht was – ist der Meisterchoreograph dieser so fein aufeinander abgestimmten Vorgänge, die in so engem Zusammenhang mit der Heilung stehen?
Wie wir sehen, scheint der zeitliche Ablauf wie auch die Zeit bei den der Heilung zugrunde liegenden Ordnungsprinzipien eine wesentliche Rolle zu spielen. Nach 20jähriger Forschung auf dem Gebiet des Heilens und wiederholten Experimenten an mir selbst und anderen, stehe ich immer noch ehrfürchtig vor dem Phänomen, daß die Zeit bei der Heilung nicht linear und chronologisch abzulaufen scheint.
Meine eigene Heilmethode, »Therapeutic Touch«, ist immer noch dieselbe wie vor 16 Jahren, eine zeitgemäße Interpretation einiger alter Heilpraktiken. Die wichtigsten Voraussetzungen dieser Methode ähneln den Grundsätzen, die das Fundament vieler Heilmethoden bilden. Die wichtigste Voraussetzung ist, daß der Mensch ein offenes System ist, eine Behauptung, die auch von Wissenschaftlern bestätigt wird.
Eine zweite Voraussetzung basiert auf der allgemeinen Über-

einstimmung unter den Vertretern der nicht allopathischen Heilmethoden, daß Krankheit eine Disharmonie in den Energiesystemen des Patienten darstellt. Die Aufgabe des Heilers besteht darin, das Gleichgewicht in diesen Systemen wiederherzustellen.

Eine dritte Annahme geht davon aus, daß der Mensch sowohl zur Transformation als auch zur Transzendenz fähig ist, was im Grunde genommen Heilung definiert.

Mit den Jahren haben meine Kollegin, Dora Kunz, und ich zwei Charaktereigenschaften herausgefunden, die einen engagierten Heiler auszeichnen: Mitgefühl und gute Absicht. Das Mitgefühl spricht für sich selbst. Was die gute Absicht anbelangt, bedeutet dies, daß der Heiler nicht nur seinen eigenen Willen, einen Menschen zu heilen, ausdrückt, sondern auch einen Zusammenhang wahrnimmt, in dem die Heilung stattfinden kann. Dies stellt sicher, daß die Heilbehandlung bewußt und gewissenhaft ausgeführt wird.

Meiner Ansicht nach wird das Heilen in Zukunft eine Richtung einnehmen, die sich daraus ergibt, daß sich die verschiedenen Vorstellungen einander annähern. Meine Forschung mit Familien, die meine Methode praktizieren, sowie meine Erfahrung als Lehrerin dieser Methode haben mich zu der Vermutung veranlaßt, daß Heilen in Zukunft nicht nur mit einem tieferen Verständnis der therapeutischen Wirkungen des menschlichen Energiefeldes verbunden sein wird, sondern auch als soziale Kraft innerhalb der Familie stattfinden wird. Sollte dies geschehen, werden meiner Meinung nach Werte wie Mitgefühl und Ordnung, die all denen gemeinsam sind, die als Heiler tätig sein werden, die Gesellschaft stark beeinflussen, vielleicht in einem Maße, wie wir es uns nicht einmal erträumt hätten.

Der Heiler erkennt die Möglichkeiten zur Transformation und Transzendenz der Lebensumstände. Er ist sich bewußt, daß das menschliche Energiefeld nicht bei unserer Haut endet. Wir fließen ineinander und können uns tatsächlich nicht vom anderen abtrennen. Die Familie scheint die ideale Umgebung zu sein, um dieses Verständnis zu vertiefen, indem die einzelnen Familienmitglieder für sich selbst und füreinander in mitfühlender und heilsamer Weise sorgen. Aus der Familienstruktur heraus und in der ganzen Gesellschaft könnte diese Bewußtheit eine lebensbejahende Einstellung ankündigen, die ein Zeichen für die mitfühlende Sorge der Menschen füreinander und in der Tat für das ganze Leben ist.

Dolores Krieger, Dr. phil., R.N., ist eine Pionierin in »Therapeutic Touch«, Professorin an der Universität von New York und Autorin der Bücher »Therapeutic Touch« *und* »Therapeutic Touch: Healing as a Lifestyle«.

ELISABETH KÜBLER-ROSS

Die vier Säulen des Heilens

Meiner Ansicht nach sind vier wesentliche Eigenschaften für einen Heiler prägend: Vertrauen, Glauben, Liebe und Demut. Der Heiler muß ein Kanal sein – das heißt, die Heilkraft muß durch ihn fließen, ob man diese Kraft nun als Gott, Christus, den inneren Lehrer oder irgend etwas anderes bezeichnet. Um ein solcher Kanal zu werden, muß der Heiler absolutes Vertrauen in diese Heilkraft sowie den Glauben haben, daß er in der Lage ist, sie zu kanalisieren. Obwohl die verschiedenen Heiler die Heilenergie mit unterschiedlichen Methoden kanalisieren, kann keiner von ihnen heilen – egal, welche Technik er verwendet –, wenn er diese Kraft nicht mit Liebe und Demut benutzt.

Liebe ist wahrscheinlich die problematischste Voraussetzung dafür, denn bei jedem Heiler gibt es Tage, an denen er nicht offen für die Liebe ist. Es gibt keine Kochrezepte, wie man für die Liebe offen bleibt. Was dem einen hilft, nützt dem anderen vielleicht gar nichts.

Was mich betrifft, so hilft es mir, wenn ich einen oder zwei Tage auf meiner Farm und in meinem Garten arbeite, die Tiere füttere und die Blumen pflege. Dadurch bleibe ich in Kontakt mit der Erde und dem Leben, der Geburt und dem Tod, so daß ich danach wieder als Heiler wirken kann.

Heiler müssen begreifen, daß *Liebe* nicht nur Liebe für unsere Mitmenschen bedeutet, sondern auch die Liebe zu sich selbst. Wir müssen uns unserer Grenzen bewußt sein und erkennen, wann es notwendig ist, etwas für uns selbst zu tun. Jeder von uns sorgt in einer anderen Weise für sich selbst. Die einen brauchen andere Menschen, die anderen müssen allein sein. Wir müssen ein Gleichgewicht zwischen dem, was wir für uns selbst und für andere tun, herstellen und lernen, zu nehmen und zu geben. Denn wenn wir immer nur geben und niemals nehmen, geraten wir aus dem Gleichgewicht.

Auch die Demut ist sehr wichtig. Die vielleicht dringendste Aufgabe des Therapeuten ist das Bemühen, die Arroganz zu überwinden. Allzu oft glaubt der Therapeut, er sei der einzige, der heilen kann. Dies ist eine Einstellung, die ihn von dem anderen trennt. Ein Therapeut muß demütig genug sein, um zu erkennen, daß niemand ein Lehrer sein kann, ohne auch ein Schüler zu sein; daß niemand heilen kann, ohne geheilt zu werden; daß wir empfangen, wenn wir geben; und lernen, wenn wir lehren.

Ein Therapeut, der demütig ist, wird erkennen, daß die Patienten viel mehr über sich selbst wissen, als sich irgendein anderer vorstellen kann. Aber wenn die Therapeuten mit der Einstellung eine Sitzung abhalten: »Ich bin der Therapeut und du bist der Patient«, haben sie bereits 75 Prozent ihres potentiellen Behandlungserfolgs verspielt. Sie müssen demütig genug sein, um zu wissen, daß auch sie Heilung brauchen. Wenn sie zu arrogant sind, um dies zu akzeptieren, wird die ganze Interaktion vergiftet. Die Rolle, die der Heiler spielt – das heißt, die Art und Weise, wie er die Heilkraft kanalisiert –, hängt davon ab, welche Art von Heilung erforderlich ist. Es besteht ein großer Unterschied zwischen emotionaler und körperlicher Heilung. In meinen Workshops arbeite ich beispielsweise darauf hin, alte, ungelöste Wunden wie Kummer, Schuldgefühle, Ungerechtigkeit usw. zu heilen. Bei dieser Form des Heilens besteht meine Aufgabe darin, ein Katalysator zu sein. Ich bin einfach dazu da, den Menschen zu helfen, in Berührung mit ihren »unerledigten Geschäften« zu kommen, die sich in ihren alten Wunden und Schmerzen verbergen, und sie so tief, wie es ihnen möglich ist, in diese hineinzustoßen, so daß sie sich davon befreien können, indem sie diese Gefühle nach außen und zum Ausdruck bringen.

Für jedes unerledigte Geschäft gibt es eine besonders geeignete Form, es nach außen zu bringen. Bei Angst beispielsweise eignet sich Schreien am besten. Bei Haß und unterdrückter Wut kann es helfen, auf ein Telefonbuch einzuschlagen und es zu zerfetzen.

Bei Kummer ermutige ich die Menschen, zu weinen und zu jammern. Bei Schuldgefühlen teilen sie ihre Gefühle einer objektiven Gruppe mit, die ihnen bedingungslose Liebe schenkt (aber nicht predigt). Wenn Schuldgefühle mitgeteilt und aufrichtig zum Ausdruck gebracht werden, lösen sie sich in einer Tränenflut auf, die die Schuld wegschwemmt und ein Gefühl der Vergebung hinterläßt.

All diese Methoden gehören in den Bereich der emotionalen Heilung. Beim emotionalen Heilen muß der Therapeut all seine Erfahrung und sein Können und die Methoden anwenden, die er gelernt hat, wie die gerade beschriebenen. Aber ich weiß nicht genau, wie körperliche Heilung geschieht, denn sie tritt spontan und völlig unerwartet ein.

Bei einem meiner Workshops geriet ein großer Mann, der ungefähr 400 Pfund wog, plötzlich und unerwartet in eine mörderische Raserei. Ich erkannte, daß ich eine Frau retten mußte, die viel zu nah bei ihm saß. Ich ging zu ihr und stieß sie weg, aber inzwischen hatte der Mann einen Gummischlauch genommen (der dazu gedacht war, die Wut an einem Telefonbuch auszutoben), und schlug damit auf meine bloßen Zehen ein und brach sie.

Ich hatte keine Gelegenheit, auf den Schmerz zu achten. Ich ignorierte den Schmerz und schützte meinen großen Zeh mit der Hand, während ich meine ganze Energie auf den wütenden Mann konzentrierte, um ihn sogar noch tiefer in seine Wut hineinzustoßen, so daß er sie wirklich durchleben und nach außen bringen konnte. Dann war plötzlich alles vorbei und die Gruppe war wieder in Sicherheit.

Ich war verwundert, warum ich in einer so seltsamen Lage dasaß, mit angezogenem Knie und meinen großen Zeh festhaltend. Dann erinnerte ich mich daran, was geschehen war. Ich nahm meine Hand von meinem Zeh und erwartete das Schlimmste. Zu meinem Erstaunen war mein Zeh völlig unversehrt. Er war augenblicklich wieder geheilt.

Ich habe noch einige andere Erfahrungen mit spontaner, körperlicher Heilung in Notfällen gemacht. Bei all diesen Gelegenheiten war der Grund, warum ich mich selbst heilen konnte, daß ich

keine Zeit zum Nachdenken hatte. Als Ärztin habe ich gelernt, nicht an solche Sofortheilungen zu glauben. Aber in Notfällen, wenn wir uns total auf die Situation konzentrieren müssen und keine Zeit zum Nachdenken haben, behindern wir unser inneres Potential zur Selbstheilung nicht – ein Potential, das, glaube ich, jeder von uns besitzt. Wenn wir mehr Vertrauen und Glauben an unsere eigene, innere Selbstheilungskraft entwickeln würden, könnte eine spontane, körperliche Heilung öfter geschehen.
Heilung bedeutet nicht unbedingt, körperlich wieder gesund zu werden oder wieder aufstehen und gehen zu können. Vielmehr bedeutet es, ein Gleichgewicht zwischen den physischen, emotionalen, intellektuellen und spirituellen Dimensionen herzustellen. Fünfjährige Kinder beispielsweise, die seit zwei oder drei Jahren an Leukämie erkrankt sind, sind oftmals spirituell sehr wach. Es scheint, daß sie gar nicht mehr körperlich leiden, je mehr sich die spirituelle Dimension öffnet und je intuitiver sie werden. Sie vermitteln den Eindruck von einer sehr alten, weisen Seele, die mehr Lebenserfahrung besitzt als, sagen wir einmal, ein 50- oder 60jähriger. Am Ende ihres Lebens empfinden diese leukämiekranken Kinder nur wenig oder gar keinen Schmerz. Sie haben tiefe Gefühle und bringen auf intellektueller Ebene Dinge zum Ausdruck, bei denen man fast nicht glauben kann, daß sie von einem Kind stammen. Für mich ist auch dies eine Heilung, obwohl diese Kinder von unserem irdischen Standpunkt aus betrachtet nicht gesund sind.
Vielen AIDS-Patienten mangelt es sogar noch mehr als Patienten, die an Krebs oder anderen lebensbedrohlichen Krankheiten leiden, an Selbstwertgefühl, Selbstachtung und Selbstvertrauen. Diese Eigenschaften sind durch viele Schuld- und Schamgefühle und Zwiespältigkeit blockiert. Deshalb müssen wir diesen Menschen zunächst helfen, ihre negativen Gefühle loszuwerden, wobei wir dieselben Methoden verwenden wie bei anderen Workshops, jedoch noch intensiver. Wenn diese Menschen erst einmal gelernt haben, sich selbst zu lieben und Vertrauen in sich zu haben, beginnen sich die spirituellen Dimensionen zu öffnen. Erst dann sind sie zur Heilung bereit.

Heilung findet nicht nur auf einer individuellen Ebene statt. Da jeder einzelne Mensch durch ein riesiges Netzwerk von Beziehungen mit unzähligen anderen Menschen und Lebewesen auf diesem Planeten verbunden ist, hat sogar der Heilungsprozeß eines einzigen Menschen weitreichende Auswirkungen.
Es scheint mir, daß unser ganzer Planet im Augenblick ein unheilbar kranker Patient ist. Die meisten Menschen wissen, daß sich die globale Spannung gefährlich zuspitzt, und unser Planet von nuklearer Zerstörung und Umweltkatastrophen bedroht ist. Daraus ergibt sich die Schlußfolgerung, daß zwangsläufig eine globale Reinigung stattfinden muß, um den Haß, Neid, Schmerz, Kummer und die Wut zu beseitigen, die so lange unterdrückt worden sind. Mit anderen Worten, ein Prozeß ähnlich dem, was in meinen Workshops passiert, muß sich auf dem ganzen Planeten vollziehen, wenn die Erde überleben soll.

Elisabeth Kübler-Ross, Dr. med., leistet seit mehr als 20 Jahren Pionierarbeit auf dem Gebiet des Todes, des Sterbens und des Übergangs vom Leben zum Tod. Zu ihren zahlreichen Büchern gehören: »AIDS. Herausforderung zur Menschlichkeit.« (Gütersloh: Gütersloher Verlagshaus, 1990); »Befreiung aus der Angst« (Stuttgart: Kreuz, 1983); »Interviews mit Sterbenden« (Gütersloh: Gütersloher Verlagshaus, 15. Aufl. 1990); »Kinder und Tod« (Zürich: Kreuz, 1984); »Leben bis wir Abschied nehmen« (Gütersloh: Gütersloher Verlagshaus, 2. Aufl. 1989); *(Hrsg.):* »Reif werden zum Tode« (Gütersloh: Gütersloher Verlagshaus, 6. Aufl. 1989); »Über den Tod und das Leben danach« (Neuwied: Die Silberschnur, 10. Aufl. 1989); »Die unsichtbaren Freunde« (Zürich: Oesch, 3. Aufl. 1989); »Verstehen was Sterbende sagen wollen« (Gütersloh: Gütersloher Verlagshaus, 3. Aufl. 1990); »Was können wir noch tun? Antworten auf Fragen nach Sterben und Tod« (Gütersloh: Gütersloher Verlagshaus, 6. Aufl. 1990). *Sie lebt in Head Waters, Virginia, wo sie in einem Zentrum für Säuglinge arbeitet, die mit dem AIDS-Virus infiziert sind.*

MICHAEL HARNER
Das verborgene Universum des Heilers

Aus meiner Ausübung des Schamanismus weiß ich, daß schamanistisches Heilen davon abhängt, demütig und aus dem Herzen mit der ehrfurchtgebietenden Kraft des Universums zu kommunizieren. Obwohl die spirituellen Heiler verschiedener Epochen und Kulturen nach außen hin unterschiedliche Techniken verwendet haben, glaube ich, daß jeder von ihnen in irgendeiner Weise Zugang zu einer verborgenen Realität haben muß, um die Kraft und die Weisheit des Universums an die Notleidenden zu übermitteln.
Erfolgreiche Heiler in aller Welt arbeiten mit Methoden, die für sie und die Menschen, denen sie helfen, geeignet sind. Schließlich begreifen wir als menschliche Wesen die verborgene Wirklichkeit in einer Weise, die unsere eigene Geschichte und die unserer Gesellschaft widerspiegelt. Ich kenne beispielsweise eine berühmte Heilerin in Indien, die bei ihrer Arbeit eine bewußte Verbindung mit einem bestimmten Hindu-Heiligen aufnimmt. Für sie ist dies die richtige Methode, in Kommunikation mit der verborgenen Kraft des Universums zu treten, da sie als Hindu Zugang zu und ein Gefühl und eine Bewußtheit für die höhere Macht des Universums findet, wenn sie sich auf diesen Heiligen konzentriert. Aber für einen Schamanen in einer Stammesgemeinschaft ist vielleicht ein anderes spirituelles Bindeglied ähnlich dem Heiligen erforderlich. Dies kann eine heilige Pflanze oder sogar ein Stein sein wie zum Beispiel ein Quarzkristall. Welche Form auch immer es hat, wird es etwas sein, das eine tiefe Resonanz im Herzen des Heilers auslöst und vor dem er große Achtung verspürt.
Dieses Bindeglied öffnet das Herz des Heilers so stark, daß er in

gewissem Sinne von der Bildfläche »verschwindet«. Das heißt, das Bindeglied ermöglicht es dem Heiler, sein Ego in hohem Maße zu verlieren, weshalb er es auch nicht für nötig hält, die Heilung sich selbst als Verdienst anzurechnen. In gewisser Weise ersetzt dieses Bindeglied sein Ego. Es ist von entscheidender Bedeutung, diese Einstellung zu erlangen, denn in dem Maße, wie der Heiler in seiner alltäglichen, ego-zentrierten Realität haften bleibt, behindert er die Macht im Universum, die Wunder bewirken kann.

Meine Einstellung zu diesem Thema wurde durch viele wunderbare Erfahrungen geprägt, die ich über die Jahre hinweg machen konnte. Je mehr solcher Erfahrungen ich mache, desto mehr fügen sich die Einzelteile zusammen und werden allmählich immer weniger rätselhaft – obwohl natürlich immer ein letztes Geheimnis bleibt.

Eine der besonderen Heilmethoden des Schamanen besteht darin, sich in einen veränderten Bewußtseinszustand zu versetzen und sich auf eine sogenannte »Reise« in die verborgene Dimension des Universums oder in eine andere Realität zu begeben. In dieser anderen Wirklichkeit reisen die Schamanen in die obere oder untere Welt, Dimensionen, in die wir uns, wie sie glauben, nach unserem Tod begeben und aus denen wir bei unserer Geburt kommen. Mit anderen Worten, Schamanen sind in der Lage, die Grenzen zu überschreiten, die die Realität der meisten Menschen definieren.

Auf diesen Reisen sucht der Schamane die Verbindung und die Hilfe von Geistern. Durch den Kontakt mit ihnen bezieht er Wissen, das Angehörigen seines Stammes zugute kommt (zum Beispiel Informationen darüber, wie er eine bestimmte Krankheit diagnostizieren und heilen kann), sowie ein tiefes, inneres Wissen.

In seinem zum Klassiker gewordenen Werk »Schamanismus und archaische Ekstasetechnik« weist Mircea Eliade darauf hin, daß die Schamanenreise einen der charakteristischsten spirituellen Aspekte des Schamanismus darstellt. Für die Schamanenreise stehen eine Vielzahl von Hilfsmitteln und Techniken zur Verfügung. Oftmals wird beispielsweise der monotone Klang von Schlaginstrumenten, wie etwa von Trommeln, verwendet, der die Macht hat, den Bewußtseinszustand eines Menschen zu verändern und Zugang zu der anderen, verborgenen Wirklichkeit zu ermöglichen.

Von einem schamanistischen Standpunkt aus betrachtet ist die sogenannte normale Wirklichkeit eine Realität, in der Konflikte, Schmerzen und Leiden herrschen. In dieser Wirklichkeit kann es Gipfelerlebnisse geben, aber sie sind nicht ihr vorherrschendes Merkmal. In der anderen Wirklichkeit hingegen ist die ekstatische Erfahrung der hervorstechendste Aspekt. Während der Schamane immer weiter in die andere Dimension vordringt, nähert er sich dem unbeschreiblichen Erlebnis der schamanistischen Ekstase, wobei er die Dimension der Zeit verläßt und sich einer fundamentalen Egolosigkeit bewußt wird, um schließlich mit dem Universum selbst zu verschmelzen und eins mit ihm zu werden.

Zwischen den beiden Extremen der normalen und anderen Wirklichkeit bedient sich der Schamane sogenannter »Mittler« oder »Geistwesen« aus der spirituellen Dimension, die zwischen den beiden Realitäten hin und her pendeln, um den Menschen zu helfen, die tiefere Harmonie in sich selbst zu erfahren, und um Leid und Disharmonie zu heilen.

Ein ähnliches, besonderes Merkmal des Schamanismus, das mit einigen modernen Methoden zur Selbsthilfe und Heilung vergleichbar ist, besteht darin, daß der Schamane für einen anderen Menschen Fürsprache einlegt. Dieses Konzept von der mitfühlenden Fürsprache ist ein Hauptmerkmal des Schamanismus und kommt in allen Formen der schamanischen Praxis vor. Sogar die fortgeschrittensten Schamanen haben bezeichnenderweise andere Schamanen, die sich für sie einsetzen, wenn sie Hilfe brauchen.

Die besten Erfolge werden dann erzielt, wenn man ohne Ego und in Harmonie heilt. Dies ist ein hauptsächlicher Grund dafür, warum Schamanen besonderen Wert darauf legen, zu helfen, sich von anderen helfen zu lassen und als Gemeinschaft harmonisch zusammenzuarbeiten. Typischerweise heilen sie in einem Heilkreis, wobei sie zusammensitzen, ihre Energie darauf konzentrieren, anderen zu helfen, und trommeln, wobei sich der Schamane und der Patient in der Mitte des Kreises befinden. Der Kreis symbolisiert auch die verborgene Harmonie und Verbundenheit aller Dinge.

Heilung ist jedoch keine einseitige Angelegenheit. In dem Prozeß, der Gemeinschaft zu dienen, wird dem Schamanen auch bei seinen eigenen Problemen geholfen. Während die Mitglieder in dem Heilkreis sich gerade bemühen, anderen zu helfen, geschieht es häufig, daß sie plötzlich von ihren eigenen Schmerzen und Krankheiten geheilt sind, ohne daß sie auch nur um Hilfe gebeten hätten.

Dem Schamanen ist die Heilkraft des Universums meist unmittelbar bewußter als den anderen Mitgliedern der Gemeinschaft, da er durch seine »Reisen«, die er unternommen hat, mit ihr vertraut geworden ist. Der Schamane kann mehr wahrnehmen als andere und kann mit Wesen kommunizieren, die den Augen der anderen verborgen sind. Der Schamane steht in einer bewußten und direkten Verbindung mit der anderen Dimension, was ihn zu einem sehr wertvollen Mitglied seiner Gemeinschaft macht.

Die Schamanen waren in ihren Stämmen die Spezialisten, die in die verborgene Dimension vordrangen. Aber auch andere spirituelle Experten waren an dem Heilungsvorgang beteiligt: Die Stammesältesten besaßen oftmals Kenntnisse über Arzneimittel wie Heilpflanzen, andere konnten Knochen einrichten, wieder andere kannten Massagetechniken und noch andere beherrschten ein bestimmtes Ritual. Mit anderen Worten, die alte Heilpraktik war gewöhnlich holistisch und bestand aus sich ergänzenden Methoden.

Heute zeichnet sich eine Rückkehr zu einer ganzheitlicheren Sicht ab. Das zunehmende Interesse der Europäer und Amerikaner am Schamanismus weist auf die Tatsache hin, daß wir in unserer Suche nach einem holistischen Ansatz den Wert der klassischen, schamanistischen Praktiken der Visualisation und der veränderten Bewußtseinszustände wiederentdecken. Allmählich erkennen wir, daß unsere Vorfahren wertvolle Heilsysteme entwickelt hatten. Mit wachsender Erkenntnis werden wir, so glaube ich, die orthodoxe Medizin immer mehr durch die seit Urzeiten erprobten Methoden des spirituellen Heilens wie den Schamanismus ersetzen.

Michael Harner, Dr. phil., ist der Vorsitzende der »Foundation for Shamanic Studies« in Norwalk, Connecticut. Er ist Professor und ehemaliger Vorsitzender der Anthropologischen Fakultät an der »New York School for Social Research« in New York. Unter seinen Veröffentlichungen sind folgende Titel: »Der Weg des Schamanen« (Reinbek: Rowohlt, 1986), »The Jivaro« *und* »Hallucinogens and Shamanism«.

JANET F. QUINN

Heilung – das Entstehen einer wahren Beziehung

Das Wort *heilen* stammt von dem angelsächsischen Wort *haelen* ab, was »ganz sein« oder »ganz werden« bedeutet. Selbstverständlich ist Ganzheit in Hinsicht auf die Menschheit viel zu umfassend, um durch unsere physische Welt begrenzt zu werden. Deshalb widerspricht das Fehlen von Körperteilen oder der Verlust bestimmter Körperfunktionen der Ganzheit nicht, ebenso wie das Vorhandensein und die gesunde Funktion derselben Körperteile keine Garantie für Ganzheit ist.
Der gesunde Menschenverstand lehrt uns, daß Heilung und Gesundheit mit der »Harmonie von Körper, Geist und Seele« zu tun haben. Wenn wir uns etwas näher mit dieser Definition beschäftigen und ihren tieferen Sinn verstehen, begreifen wir die Ganzheit zumindest intuitiv etwas besser.
Im Wörterbuch wird das Wort *Harmonie* als Synonym für *Verbindung* angegeben. Andere Synonyme für Verbindung sind Beziehung, Übereinstimmung und Vereinigung. Synonyme für Harmonie sind Einheit, Ordnung, Frieden und Versöhnung. Wenn wir etwas gründlicher über diese Begriffe nachdenken und sie tief in unser Bewußtsein einsinken lassen, fügen sie sich sinnvoll zusammen wie die Fäden eines farbenprächtigen Teppichs. Das Bild, das daraus entsteht, legt die Vermutung nahe, daß wir eigentlich über Beziehung sprechen, wenn wir von Ganzheit reden.
Diese Verbundenheit ist das Gegenteil von Entfremdung, Isolation und Getrenntheit. All diese Zustände können wir auf verschiedenen Ebenen unseres Menschseins bewußt oder unbewußt erfahren. Wir können von unserem Körper getrennt sein, von unserem innersten Selbst, von unseren engsten Freunden oder

der Gesellschaft. Egal auf welcher Ebene wir diese Getrenntheit erleben, sind wir nicht ganz, wenn wir entfremdet oder isoliert sind, sondern krank. Wenn eine wahre Heilung geschieht, wird die Beziehung wiederhergestellt.

Wenn man von dieser Vorstellung von Heilung ausgeht, was unterstützt den Heilungsprozeß? Gibt es universelle Heilprinzipien?

Am wichtigsten ist die Erkenntnis, daß Heilung im Patienten geschieht. Egal mit welcher Methode behandelt wird, nicht der Arzt oder Therapeut ist für die Heilung verantwortlich. Jede Heilung ist ausnahmslos eine Selbstheilung.

Wir leben in dem Irrtum, daß die Ärzte oder die Medizin die Menschen heilt. Dies ist schlichtweg eine Illusion, die auf einem Denkfehler basiert. Wir nehmen an, daß der Patient, der *nach* einer Operation gesund wird, dies *aufgrund* der Operation wird. In Wirklichkeit heilt die Operation nicht. Auch Medikamente heilen nicht, ebensowenig wie Akupunktur, Kristalle oder Homöopathie. Der Patient, der operiert wird, ein Medikament einnimmt oder sich einer alternativen Behandlung unterzieht, muß sich selbst heilen. Alle oben erwähnten Behandlungsmethoden können notwendig sein, um die Blockaden zu entfernen, die die Selbstheilung behindern, oder um sie anzuregen, aber sie sind keine ausreichende Heilungsursache. Aus der medizinischen und praktischen Erfahrung wissen wir, daß dies stimmt. Wir wissen auch, daß es Patienten gibt, die trotz einer »erfolgreichen« Operation sterben.

Heilung ist eine totale, organismische, synergetische Reaktion, die aus dem Patienten selbst entspringt, wenn er wieder genesen und sich weiterentwickeln will. Ich habe den Begriff »Haelen-Effekt« geprägt, um diese Totalität der Heilreaktion zu verdeutlichen. Der Haelen-Effekt wird unter anderem durch das Prinzip der »Äquifinalität« charakterisiert: Viele Wege können zum selben Ziel führen. Der Haelen-Effekt kann durch eine Vielzahl äußerer Eingriffe ausgelöst werden, was aber nicht sein muß. Diesen Effekt auszulösen, die totale organismische Reaktion auf die Ganzheit, ist das Ziel jeder Heilbehandlung.

Eine Behandlung, die diesem Ziel dient, beginnt mit den sanftesten Eingriffen. Nur wenn es wirklich notwendig ist, sollte man zu schwereren Eingriffen übergehen. Da Heilung in dem Patienten selbst geschieht, besteht kein Unterschied zwischen einer echten oder einer »Placebo-Behandlung oder -Wirkung«. Alle Behandlungsmethoden sind Stimuli für den Haelen-Effekt, wobei die eine bei einem Patienten erfolgreicher ist als eine andere. Chirurgie und Medikamente sind nicht die einzigen »echten« Behandlungsweisen. Die alternativen Heilmethoden können nicht als trivial abgetan, ihre Erfolge nicht nur auf den »Placebo-Effekt« zurückgeführt werden.

Außer der Veränderung in unserer Einstellung zu den verschiedenen Heilweisen, legt die Vorstellung von der Selbstheilung eine völlig andere Sichtweise der Rolle des Therapeuten nahe. In diesem Heilkonzept spielt der Therapeut die Rolle eines Geburtshelfers. (Ich bitte den Leser darum, in diesem Zusammenhang das Geschlecht zu ignorieren, das mit diesem Begriff verbunden ist, und ganz einfach die Aufgabe zu betrachten, die in diesem Fall sowohl von Frauen als auch von Männer erfüllt wird.) Der Geburtshelfer hilft beim Geburtsvorgang, der das neue Leben und eine neue Beziehung hervorbringt. Dies ist die wahre Natur der heilenden Interaktion.

Wenn eine wahre Heilung stattfindet, wird immer neues Leben geboren. Heilung ist kreativ und bringt Verhaltensmuster und Beziehungen hervor, die es vorher nicht gab. Anstatt einfach zu einer früheren Ebene der Lebensführung zurückzukehren, ist Heilung mit einer Neugeburt verbunden, und dabei braucht man einen Geburtshelfer und keinen Chirurgen. Anstatt den Organismus zu manipulieren, läßt der Geburtshelfer zu, daß sich der Organismus frei entwickeln kann. Er zwingt ihn nicht, sondern unterstützt ihn. Er drängt ihn nicht, sondern nimmt ihn an und akzeptiert ihn. Der Geburtshelfer ist bereit, weitere Schritte zu unternehmen, aber nur, wenn sie wirklich notwendig sind.

Der Geburtshelfer hilft bei der Geburt mit einem tiefen Vertrauen in die Weisheit des Körpers und des Heilungsvorgangs. Er bietet einen sicheren Ort, an dem das neue Leben geboren werden kann.

Er behandelt das neue Leben mit Ehrfurcht und Achtung und verlangt keinen Dank dafür, daß dieses Wunder geschehen ist, denn er ist zufrieden damit, den Patienten auf seiner Reise begleitet zu haben.

Vergleichen Sie die Bilder, die vor Ihrem geistigen Auge entstehen, mit denjenigen, die durch folgende Aussagen hervorgerufen werden: »Wir werden dagegen ankämpfen. Wir werden über den Krebs siegen. Dies ist das stärkste Medikament, das Sie bekommen können.« Daraus sollte ersichtlich werden, daß wir es hier mit zwei völlig verschiedenen Einstellungen zu tun haben, die zwei unterschiedliche Rollen des Therapeuten erforderlich machen. Die eine führt dazu, die Krankheit zu behandeln, die andere verhilft der Gesundheit/Ganzheit zur Geburt.

Damit möchte ich nicht behaupten, daß wir unsere konventionellen Behandlungsmethoden abschaffen sollten. Vielmehr bin ich der Meinung, wir müssen uns dieser Unterschiede bewußt sein und, wenn wir Heilung suchen, zu den Methoden greifen, die den Haelen-Effekt auslösen können.

Heute sind unsere Krankheiten zunehmend seelischer Natur, doch unsere Behandlungsmethoden werden immer mehr biophysisch. Unsere medizinischen Einrichtungen wollen uns davon überzeugen, daß sie uns die bestmögliche Versorgung anbieten können. Dies bedeutet, sie verfügen über die größten und modernsten Maschinen, um den Kampf gegen die Krankheit aufnehmen zu können. Die medizinische Versorgung ist zu einem Synonym für ein Angebot an technologischen Behandlungsmöglichkeiten geworden, trotz der Tatsache, daß 80 Prozent der Beschwerden, mit denen die Menschen zum Arzt kommen, psychische Ursachen haben, und Tausende von Patienten Jahr für Jahr den Arzt konsultieren, nur um berührt zu werden.

Krankenschwestern, die traditionell für die Pflege von Menschen zuständig sind, verlassen die Krankenhäuser in Scharen. Warum? Weil sie ihren Beruf gewählt haben, um zu heilen und Geburtshelfer beim Heilungsprozeß zu sein, aber feststellen mußten, daß sie statt dessen nur noch Maschinen bedienen.

Ich glaube, diese Zustände sind die Folgen einer Kultur, die das weibliche Prinzip ignoriert und abgewertet hat. Wir sind schrecklich aus dem Gleichgewicht geraten und haben die wahre Beziehung verloren. Das weibliche Prinzip ist tief mit der fürsorglichen Beziehung verbunden. Die Arbeit der Krankenschwestern war traditionell Frauenarbeit und wurde von der Gesellschaft nicht besonders hoch geschätzt. Doch die Krankenpflege und das Heilen repräsentieren immer das weibliche Prinzip in Aktion, ungeachtet des Geschlechts des Heilers.

Es ist völlig klar, daß wir uns selbst zerstören, wenn wir weiterhin auf dem Weg der zunehmenden Entfremdung und Isolation bleiben. Das medizinische System fördert diese Einstellung, indem es die absolute Autorität in Fragen der Gesundheit und Krankheit beansprucht. Wir können uns eine solche Haltung jedoch aus ökonomischen, sozialen und ethischen Gründen nicht mehr länger leisten; das herrschende System muß langsam seine Machtstellung aufgeben.

In Zukunft muß eine radikale Veränderung der Einstellung zu Krankheit und Gesundheit und zum Heilen stattfinden. Das Gesundheitswesen muß sich darauf konzentrieren, die Ganzheit zu fördern, das heißt die echte Beziehung. Die Methoden sind dabei nebensächlich. Zweierlei muß geschehen: eine erneute Achtung des weiblichen Prinzips und seiner Heilmethoden, und eine Ermächtigung der Menschen und der Gemeinschaft, für ihre eigene Gesundheit und Heilung zu sorgen.

Die wichtigste Aufgabe, die alle im Gesundheitswesen Tätigen in der Zukunft haben, ist eine pädagogische. Zuallermindest müssen Gemeinschaften Gelegenheit erhalten zu lernen, wie sie ihr eigener Heiler werden können. Wir brauchen beispielsweise Heilungszentren, in denen Senioren auf freiwilliger Basis arbeiten, die in »Therapeutic Touch« oder Visualisation oder Massage ausgebildet sind. Wir könnten die Kosten für die Gesundheitsvorsorge drastisch senken, wenn die Menschen lernen, sich gegenseitig zu heilen.

Dies ist nur ein Aspekt der Auswirkungen, die eine solche Veränderung haben würde. Wir müssen uns nur einmal vorstellen, welche Verbundenheit in einer solchen Gemeinschaft entstehen würde, und die Folgen, die dies für die Heilung unseres Planeten hätte. Wenn man sich bemüht, ein Heiler zu werden, wird man unwiderruflich verändert. Wenn das weibliche Prinzip wieder an die Oberfläche kommen darf, beginnt man, das Wunder und die Heiligkeit des Lebens und die fundamentale Einheit der Menschheit zu schätzen. Diese Bewußtheit des Ganzen, der wahren Beziehung zu uns selbst und unserer Umwelt, ist die einzige Hoffnung, die wir in Hinsicht auf das Überleben unseres Planeten haben. Verbundenheit ist nicht nur angenehm oder eine Belohnung, die wir erhalten, wenn wir genug Geld verdient haben oder zu großem Ansehen gelangt sind. Entweder werden wir geheilt und es entsteht eine wahre Beziehung zu uns selbst und unserem Planeten, oder wir sterben.

Wenn wir darüber nachdenken, wie Heilung in Zukunft stattfinden wird, dürfen wir nicht mehr fragen: »Was können Heiler tun, um der Menschheit zu dienen?« Vielmehr muß unsere Frage lauten: »Wie können wir alle Menschen zu Heilern machen?« Wir müssen uns völlig darauf konzentrieren, das weibliche Prinzip zu stärken, anzuerkennen, zu ehren und wertzuschätzen. Wir haben keine andere Wahl, und es bleibt uns nicht mehr viel Zeit.

Janet F. Quinn, Dr. phil, R. N., ist außerordentliche Professorin für Krankenpflege an der Universität von South Carolina. Sie praktiziert, unterrichtet und forscht auf dem Gebiet des »Therapeutic Touch« seit 1976. Sie hat zahlreiche Artikel und andere Beiträge über »Therapeutic Touch« veröffentlicht und hält Workshops in den Vereinigten Staaten und Kanada ab.

TEIL 6

Die Einstellung zum Heilen

Wir sind, was wir denken.
Alles, was wir sind, entspringt unseren Gedanken.
Mit unseren Gedanken erschaffen wir die Welt.

Buddha

Eine positive, lebensbejahende Einstellung ist der Schlüssel zur Heilung. Die Autorinnen und Autoren dieses Teils des Buches beschreiben, wie wichtig es für die Selbstheilungsfähigkeit eines Menschen ist, seine negativen Denkmuster zu überwinden.

Wenn Sie die folgenden Seiten lesen, werden Sie spüren, daß eine veränderte Lebenseinstellung die größte Heilung ist, die stattfinden kann. Mit anderen Worten, der Heilerfolg hängt ebensosehr von einer veränderten Sichtweise als auch einer Veränderung im Körper ab. Vollkommene und wahre Heilung geschieht im Inneren des Menschen, der ihrer bedarf. Wenn man von innen heraus geheilt wird, kann der Körper verändert werden oder auch nicht. Auf einer bestimmten Ebene spielt dies keine Rolle, denn die wahre, innere Arbeit hat begonnen.

Die Einstellung zum Heilen ist niemals oberflächlich. Sie ist mit dem tiefen inneren Wissen verbunden, daß wir keine Opfer der Welt sind. Vielmehr haben wir die Macht, auf Schwierigkeiten in einer Weise zu reagieren, die wir uns aussuchen. Indem wir die Verantwortung für unsere Gesundheit und für unser ganzes Leben übernehmen, bekommen wir ein Gefühl dafür, daß wir die Kontrolle besitzen, wo wir uns früher hilflos glaubten. Die folgenden Beiträge zeigen uns, wie Emotionen wie Wut, Neid und Angst durch Eigenverantwortlichkeit, Akzeptanz, Selbstlosigkeit und Liebe ersetzt werden müssen.

SUN BEAR
Verschiedene Einstellungen zum Heilen

Ich möchte zwei der wichtigsten Faktoren erörtern, die im Zusammenhang mit Heilung stehen: das Überwinden von negativen Blockaden und die Entwicklung von positiven, lebensbejahenden Einstellungen. Diese Ideen lassen sich vielleicht am besten anhand meiner eigenen, praktischen Arbeit auf diesem Gebiet verdeutlichen.

Wenn mich jemand aufsucht, der Hilfe braucht oder geheilt werden möchte, untersuche ich als erstes sein allgemeines Lebensmuster. Dies bringt gewöhnlich einige Blockaden ans Licht, die seine Heilung behindern. Diese Blockaden können sowohl auf der physischen als auch der spirituellen Ebene vorhanden sein.

Vom spirituellen Standpunkt aus betrachtet, sind die häufigsten Blockaden die negativen Einstellungen und Gefühle, die viele Menschen ständig mit sich herumschleppen. Diese Blockaden müssen überwunden werden, wenn man geheilt werden will. Wenn ich mit Menschen arbeite, die an Krebs oder einer anderen schweren Krankheit leiden, stelle ich fest, daß ihre Krankheit immer wieder zurückkehrt, wenn sie nicht lernen, sich von ihrer Negativität zu befreien.

Um vollständig geheilt zu werden, muß man Haß, Neid, Eifersucht und andere destruktive Einstellungen und Gefühle überwinden. Obwohl diese Emotionen ihren Ursprung im Geist haben, manifestieren sie sich sehr rasch im Körper, wo sie als steife Schulter, geschädigte Leber, Krebs oder in Form von anderen Krankheiten zum Ausdruck kommen. Ich glaube, jede wirkliche Heilung beschäftigt sich mit dem Problem, negative Gefühle in der einen oder anderen Weise zu beseitigen.

Eine Methode, die ich hierbei mit Erfolg anwende, besteht darin,

die Leute in die Natur zu schicken, wo sie einen Platz suchen sollen, an dem sie dann ein Loch graben. Dann sprechen sie alles in das Loch hinein, was sie in ihrem Leben stört. Wenn sie wütend auf ihren Ehegatten oder jemand anderen sind und ihre Wut seit langem aufgestaut haben, wenn sie unterdrückten Kummer oder Furcht haben, fallen all diese Gefühle in das Loch. Auf diese Weise übergeben sie ihre Negativität der Erde.
Nachdem die negativen Einstellungen und Emotionen beseitigt sind, müssen sie durch positive Gefühle ersetzt werden. Wenn ein Heiler in einem Menschen Wohlbefinden hervorrufen kann, ein Gefühl, daß es »das Leben schließlich doch gut mit mir meint«, befindet sich der Betreffende auf dem Weg der Genesung.
Natürlich ist es sehr wichtig, daß der Patient den Wunsch hat, wieder gesund zu werden. Ein starker Wunsch, wieder gesund zu werden, spielt im Genesungsprozeß eine entscheidende Rolle. Einer der besten Gründe, wieder gesund werden zu wollen, ist der Wunsch, das Leben weiter genießen zu können. Wenn man den Menschen also das Gefühl geben kann, daß sie das Recht haben, glücklich zu sein und ihr Glück »verdienen«, und sie in der Tat bereits ein glückliches Leben führen, ist dies eine der stärksten Motivationen für die Heilung.
Dies bestätigt die Tatsache, die ich über viele Jahre hinweg beobachten konnte, nämlich daß glückliche Menschen nicht so oft erkranken wie unglückliche. In der Tat werden Menschen, die sich von ihren Problemen deprimieren lassen und resignieren, bereits nur aufgrund dieser Stimmungen krank. Wenn der Heiler die Menschen von solchen Denkmustern befreien und sie dazu bringen kann, ihr Leben wieder zu genießen, haben sie einen großen Schritt in Richtung auf Gesundheit getan.
Dies bedeutet, der Heiler muß in gewissem Sinne denjenigen, denen er helfen will, als Vorbild dienen. Ein trauriger, negativer oder verzweifelter Heiler ist meiner Ansicht nach ein Widerspruch an sich. Ich erkläre den Menschen, daß ich selbst ungefähr 97 Prozent der Zeit glücklich bin. In der Tat bin ich davon überzeugt, daß dies mein Weg ist. Glücklich zu sein, ist ein wichtiger Teil meines Lebens. Ich glaube, aus diesem Grund

sagen mir die Leute oft: »Wenn du da bist, haben wir das Gefühl, lebendiger zu sein«. Dieses Gefühl des Wohlbefindens zu vermitteln und andere zu inspirieren, ist ein wichtiger Aspekt der Heilkunst.

Die Entwicklung einer positiven Lebenseinstellung kann auch durch eine Gruppe gefördert werden. Ein Mensch, der leidet, wird durch die Aufmerksamkeit anderer, die selbst schwere Probleme haben, aber ihn dennoch unterstützen, ermutigt und gestärkt. Dies ist besonders wohltuend, wenn man geistige oder emotionale Probleme hat. Darüber hinaus wirkt eine stützende Gruppe den negativen Einstellungen entgegen, die in der Vergangenheit von anderen Gruppen, die dem Betreffenden geschadet haben, ausgelöst wurden.

Leider kommt es in unserer Gesellschaft nur allzu häufig vor, daß jemand wegen eines Problems verspottet wird – erst von den Familienangehörigen und später von seinen Bekannten. Der Betreffende ist wie ein Huhn, das einen roten Fleck auf seinem Körper hat, auf den die anderen Hühner einhacken, bis sie es ernstlich verletzt haben. Ein Kind kommt vielleicht mit einem unbedeutenden Problem oder einem kleinen »Unterschied« in die Schule – vielleicht ist es ungewöhnlich schüchtern oder hat Schwierigkeiten mit dem Sprechen – und die anderen Kinder verspotten es, bis ein großes Problem daraus geworden ist. Sich einer unterstützenden Gruppe anzuschließen, ist oftmals der beste Weg, um die Narben zu heilen, die diese Erfahrungen vor langer Zeit in uns hinterlassen haben.

Es ist auch wichtig, daß Menschen, die geheilt werden wollen, daran glauben, daß der Heiler die Macht besitzt, sie zu heilen. Wenn der Patient daran glaubt, ist schon der halbe Weg geschafft. Deshalb beschäftige ich mich bei meiner Arbeit sehr stark mit den Glaubensvorstellungen der Leute. Manchen Menschen in der westlichen Gesellschaft fällt es beispielsweise schwer, Vertrauen in einen spirituellen Medizinmann zu haben, der für sie betet und eine Zeremonie abhält, bei der er eine Adlerfeder verwendet. Manche Menschen sind so stark konditioniert, daß sie meinen, sie bräuchten einen Arzt mit einem Doktortitel, der ihnen eine

Behandlung verschreibt. Diese Konditionierung kann so stark sein, daß sie den Betreffenden darin hindert zu glauben, er könne auch auf andere Weise geheilt werden. Es kann sehr schwer sein, ein solches Hindernis zu überwinden.

Wenn ich jedoch eine Heilungszeremonie für einen Menschen abhalte und für ihn bete, sagt mir der Große Geist gewöhnlich, was ich für den Betreffenden tun soll. Manchmal kann ich seine Krankheit in meinem eigenen Körper spüren, was mir Aufschluß darüber gibt, was der Große Geist von mir will.

Wenn ich heile, kanalisiere ich Energie, die durch andere Quellen in mich einfließt und in eine Information über den Patienten umgesetzt wird. Ich glaube, es gibt Energien oder intelligente Wesen im Universum, die dem Heiler helfen. Wir können sie Gott, Großer Geist, geistige Helfer oder etwas ähnliches nennen. Wenn ich bete, bitte ich eine dieser Mächte um Hilfe. Ich zweifle die Botschaften nicht an, die ich empfange, und ich bin nicht dogmatisch, wenn es darum geht, welche Methode verwendet wird. Ich bin nur daran interessiert, ob sich eine Methode bei einem Patienten bewährt.

Die Aufgeschlossenheit des Heilers ist daher ein weiteres Schlüsselelement im Heilungsprozeß. Bei meiner Arbeit erlaube ich mir zum Beispiel niemals zu glauben, ich wüßte alle Antworten. Bei meinen Schülern betone ich stets, daß sie sich nicht in eine feste Vorstellung verrennen sollen. Wenn ein Heiler etwas gut kann und feststellt, daß es funktioniert, dann ist seine Methode richtig. Dies kann eine bestimmte Zeremonie sein oder eine bestimmte Art zu beten; eine bestimmte Form der Wahrnehmung oder des Denkens; oder eine bestimmte Art, mit Problemen umzugehen, wie Rolfing oder Reichsche Körpertherapie. Es spielt keine Rolle, welche Methode man verwendet. Hauptsache, sie funktioniert. Dies bedeutet jedoch nicht, daß man die Methoden nicht auch wechseln kann. Ich kenne tatsächlich einige Therapeuten, die sich einige Jahre lang ernsthaft mit einer Methode beschäftigten, um dann zu einer anderen Methode überzugehen, die sich scheinbar besser für sie eignete. Ein Heiler muß offen und sensibel für die Erfordernisse des Augenblicks bleiben.

Auch bei meiner eigenen Arbeit stelle ich fest, daß es oftmals viel wirkungsvoller ist, einem Patienten den Arm um die Schulter zu legen, anstatt ihn hart zu konfrontieren, wie dies in vielen Therapiemethoden üblich ist. Zu mir kamen ein paar junge Leute, die sehr arrogant und laut waren. Gewöhnlich wundern sich solche Menschen, warum andere sie nicht mögen. In diesem Fall setze ich mich eine Weile zu ihnen und erkläre ihnen, warum sie Schwierigkeiten haben, mit anderen Menschen zurechtzukommen. Ich erkläre es ihnen ruhig und konfrontiere oder provoziere sie nicht – was gewöhnlich ziemlich gut funktioniert.

Wenn jemand von mir geheilt werden will, versuche ich auch, ihn dazu zu bringen, sich wegen seiner Krankheit nicht schuldig zu fühlen. Leider besteht in bestimmten Kreisen der Gesellschaft immer noch die Tendenz zu glauben, Krankheit wäre die Folge davon, daß man etwas Böses oder Schlechtes getan hat. Eine Einstellung, die allen Heilern gemeinsam ist, ist die Auffassung, daß die Aufgabe des Therapeuten ganz einfach darin besteht, denjenigen zu helfen, die geheilt werden wollen, und nicht darin, sie zu kritisieren, zu verachten oder zu verurteilen. Diese Einstellung ist besonders im Augenblick wichtig, wo Krankheiten wie AIDS beliebte Zielscheiben für diejenigen sind, die anderen gerne Schuldgefühle eingeben oder ihre Verachtung zum Ausdruck bringen wollen. Die Rolle des Therapeuten besteht darin, den Patienten zu unterstützen und ihm Energie zu geben, und sonst nichts.

Die Einstellung des Heilers und des Patienten spielt beim Heilungsprozeß eine wesentliche Rolle. Dies bedeutet natürlich, daß der Heiler Spaß an seiner Arbeit haben muß. Was mich betrifft, genieße ich alles, was ich tue, ob ich nun eine Heilzeremonie abhalte, einen Vortrag halte, Holz hacke oder den Hühnerstall ausmiste. Der Schlüssel hierbei ist die Fähigkeit, voll im Augenblick zu leben. Viele Menschen zerbrechen sich ständig den Kopf und wünschten, sie wären woanders und könnten etwas anderes tun – mit dem Ergebnis, daß sie niemals glücklich sind. So jemand gibt keinen guten Heiler ab.

In der Tat sollte niemand einen Heilberuf ergreifen, der keinen

Spaß daran hat. Bei meiner Arbeit mit Ärzten, Psychiatern und anderen Therapeuten erkläre ich ihnen, daß sie sich eine gewisse Zeit für sich selbst reservieren müssen. Sie müssen vermeiden, sich völlig zu verausgaben, wenn sie weiterhin gute Arbeit leisten wollen. Beim Heilberuf ist es vielleicht wichtiger als in jedem anderen Beruf zu vermeiden, daß man sich verausgabt. Aus diesem Grund schlage ich Therapeuten sogar vor, sich einen alternativen Beruf zu suchen, eine Tätigkeit, bei der sie sich von dem Streß der ständigen Konfrontation mit Angelegenheiten von Leben und Tod erholen können.

Meiner Meinung nach sollten Therapeuten in Zukunft viel bewußter daran arbeiten, den Menschen zu helfen, ihren Lebensstil und ihre Gewohnheiten zu ändern, so daß sie gar nicht erst krank zu werden brauchen. Ich bin nicht übermäßig beeindruckt von den technologischen »Wundern« wie zum Beispiel künstlichen Herzen. Wenn die Wissenschaftler herausfinden können, wie man verhindert, daß die Menschen einen Herzanfall bekommen, wäre dies ein echter Erfolg. Der erste Schritt wird darin bestehen, den Menschen zu zeigen, wie sie ihre negative Konditionierung überwinden, glücklich werden und Lebensfreude finden können.

Sun Bear ist Medizinmann der »Bear Tribe Medicine Society« in Spokane, Washington, die er im Jahre 1970 gründete. Er ist Autor folgender Bücher (mit Wabun): »Pfad der Macht« (Goldmann Tb.); *(mit Wabun und Nimishoha):* »Das Medizinrad« (Goldmann); »Die Erde liegt in unserer Hand« (Goldmann); »Büffelherzen« (Werkstatt-Edition).

GERALD JAMPOLSKY
Sekunde für Sekunde leben und lieben

Für mich ist Gott der gemeinsame Nenner jeder Heilung. Und weil Gott und Liebe ein und dasselbe sind, ist Liebe der gemeinsame Nenner beim Heilen. Zu heilen und geheilt zu werden, bedeutet, jeden Tag, jede Stunde und jede Sekunde mit Gott zu gehen. Es bedeutet zu erkennen, daß Gott unsere einzige wahre Beziehung ist. Heilen heißt erkennen, daß jede Begegnung mit einem anderen Menschen heilig ist, und nur die Heiligkeit im anderen zu sehen.
Für mich besteht der Heilungsprozeß aus bedingungsloser Liebe, Vergebung und dem Loslassen der Angst. So einfach ist das.
Das folgende Zitat aus dem Buch »A Course in Miracles« gefällt mir besonders gut: »Einfachheit ist für einen verworrenen Geist schwer zu verstehen«. Ich kann nur bestätigen, wie verworren mein Geist in Hinsicht auf das Abenteuer des Lebens sein kann. Im »Center for Attitudinal Healing« in Tiburon, Kalifornien, das ich im Jahre 1975 mitbegründete, definieren wir Gesundheit und Heilung ganz anders als nach dem konventionellen Verständnis von Gesundheit, das sich mit dem Zustand des Körpers und seinen Symptomen beschäftigt und dessen Ziel die Heilung des Körpers ist. In diesem Zentrum und unseren anderen 45 Zentren in aller Welt ist unser einziges Ziel der innere Frieden und Frieden mit Gott. Wir definieren Gesundheit als inneren Frieden, und Heilung als das Verlieren der Angst.
Wir tun unser Bestes, um eine Atmosphäre der bedingungslosen Liebe zu schaffen, in der jeder gleichermaßen Lehrer und Schüler ist. Wir glauben, Heilung bedeutet ganz einfach, keinen Sinn in negativen Gedanken wie Schuld, Furcht, Angst und Sorge zu sehen. Wir haben keine Gurus. Wir sind da, um uns gegenseitig

zu bestätigen, daß wir in dem Moment inneren Frieden erreichen, wo wir all unsere Energie darauf lenken, dem anderen zu helfen und ihn bedingungslos zu lieben. Zu uns kommen Kinder und Erwachsene mit unheilbaren Krankheiten, darunter auch AIDS. Darüber hinaus bieten wir ein Programm an, das sich auf die heilenden Beziehungen konzentriert, indem wir verzeihen und keine Urteile fällen.

Wir bemühen uns, uns nur mit zwei Emotionen zu befassen: Liebe und Angst. Wir entscheiden uns, unseren Geist so umzuerziehen, daß wir die Welt und unsere Mitmenschen nicht als unsere Feinde betrachten. Wir entscheiden uns, unsere Mitmenschen entweder als liebevoll oder ängstlich zu erkennen. Wenn sie Angst haben, schicken sie uns einen Hilferuf nach Liebe. Zu jemandem, den wir als ängstlich betrachten, können wir liebevoll und mitfühlend sein. Aber wenn wir uns entscheiden, den anderen als »Feind« zu sehen, greifen auch wir ihn an und damit uns selbst. In unserem Heilungsprozeß treffen wir die Entscheidung, uns selbst nicht als Opfer zu fühlen und die Verantwortung für unsere Gedanken und Gefühle zu übernehmen. In diesem Prozeß lernen wir, daß es niemanden gibt, der Schuld hat.

Die meiste Zeit in meinem Leben war ich in dem vorherrschenden Denkmodell gefangen, in dem ich auf »mich« selbst und darauf, was ich bekommen konnte, fixiert war, und Urteile über andere Menschen fällte, die ich als meine Freunde oder Feinde einstufte. Ich hatte äußeren Erfolg, aber in meinem Inneren herrschte das Chaos, und ich verbrachte eine Unmenge Zeit damit, Angst wegen meiner Vergangenheit und vor meiner Zukunft zu haben. Ich war mehr auf Erfolg und Leistung fixiert als auf Liebe.

Im Jahre 1975, nachdem ich jahrelang ein überzeugter Atheist gewesen war, entdeckte ich plötzlich die Gegenwart Gottes und erkannte, daß meine eigene Heilung damit zu tun hatte, daß ich den Frieden Gottes und Vergebung fand. Zu diesem Zeitpunkt bekam ich das Buch »A Course in Miracles« in die Hände, ein Begleiter auf dem Weg der spirituellen Transformation.

Wenn ich auf mein Leben zurückblicke, kann ich sagen, daß mir als Kind nie jemand gesagt oder gezeigt hat, daß ich geistigen

Frieden zu meiner obersten Priorität und meinem einzigen Ziel machen muß, wenn ich beständigen geistigen Frieden erfahren will. Niemand hat mir je gesagt, daß ich nur im Augenblick leben und freundlich, gütig, sanft und liebevoll zu allen Lebewesen sein muß – den Menschen, Tieren, Insekten, Pflanzen und Bäumen – und niemanden aus meiner Liebe ausschließen darf, einschließlich mich selbst. Mich selbst zu vernachlässigen ist die größte Gefahr, und wenn dies geschieht, werde ich zu einem Heiler, der selbst krank ist.

Keiner hat mir je gesagt, daß es möglich ist, in Zeitlupentempo zu leben, Sekunde für Sekunde, so als ob diese Sekunde die einzige Zeit wäre, die es gibt, eine ewige Sekunde. Oder daß es möglich ist, diese Sekunde mit einem tiefen Mitgefühl in meinem Herzen zu leben, weder mir noch einem anderen die Schuld für etwas zu geben, und nicht an Schuld oder Groll festzuhalten.

Langsam aber sicher entdecke ich, daß mich nichts verletzen kann außer meinen eigenen Gedanken, meinem eigenen Geist. Ich habe immer noch das Gefühl, auf meinem spirituellen Weg in den Kinderschuhen zu stecken. Es gibt keinen Tag, an dem ich nicht stolpere. Aber nun stelle ich fest, daß ich mich wieder aufrappeln und mich wieder für die Liebe entscheiden kann, anstatt an Schuld, Wut, Depression und Krankheit festzuhalten. Ich tue jeden Tag mein Bestes, um den Frieden Gottes zu meinem einzigen Ziel und Vergebung zu meiner einzigen Absicht zu machen, und der Stimme der Liebe, der Stimme Gottes in meinem Herzen zu gehorchen, die mir sagt, was ich denken, sagen und tun soll.

Für mich bedeutet Heilung, sich von der Vergangenheit zu befreien, meinen Geist umzuerziehen, so daß ich den Schatten der Vergangenheit nicht in irgendeinem anderen Menschen sehe. Es heißt lernen, die Verhaltensweisen oder Motive anderer Menschen nicht zu interpretieren, und den Wunsch aufzugeben, den anderen ändern zu wollen. Es bedeutet, seine Erwartungen, Voreingenommenheit und den Wunsch, den anderen zu kontrollieren oder zu manipulieren, aufzugeben.

Für mich bedeutet Heilen, Gott das Lebensskript schreiben zu lassen. Es ist die Entscheidung, meinen Willen mit Gottes Willen in Einklang zu bringen. Dies ist auch heute noch schwer für mich, denn ich glaube immer noch, am besten zu wissen, was für mich und einen anderen gut ist.

Heilung ist das Wissen, daß Vergebung der Schlüssel zum Glück ist und mir alles bietet, was ich mir wünsche. Heilung ist das Wissen, daß die einzige Realität im Universum die Liebe, und Liebe der bedeutendste Heiler der Welt ist.

Heilen heißt, auf eine kreative Kraft vertrauen, die liebevoll und verzeihend ist, und in unserem Herzen zu erkennen, daß es keine Trennung gibt und wir alle in Liebe mit Gott und unseren Mitmenschen vereint sind. Es bedeutet, daß alle Herzen und der Geist aller eins miteinander sind.

Heilen heißt, die Angst zu verlieren und unsere Vorstellung vom Tod aufzugeben, und zu erkennen, daß wir in Wahrheit spirituell sind – grenzenlos. Heilen bedeutet, die Vorstellung aufzugeben, daß unsere Identität auf eine Persönlichkeit und einen Körper beschränkt ist, die dazu bestimmt sind, früher oder später verletzt, abgelehnt und krank zu werden und zu sterben.

Heilung ist das Wissen, daß das Leben ewig ist. Es gibt keinen Tod. Es bedeutet, uns selbst zur Liebe und gegenseitigen Fürsorge zu erwecken.

Heilen heißt, das ängstliche Kind loszulassen, das so viele von uns in sich tragen, und das unschuldige Kind in uns zu erwecken, das schon immer in uns verborgen war.

Heilen heißt, ein Bote Gottes zu werden, Gottes Liebe für uns anzunehmen und diese bedingungslose Liebe an alle Lebewesen ohne Ausnahme weiterzugeben.

Heilen heißt, sein Leben wie ein Gebet leben, unseren natürlichen Zustand der reinen Freude und des Glücks, des Friedens und der Liebe zu akzeptieren, und an das Leben weiterzugeben.

Für mich beginnt der Heilungsprozeß bei Tagesanbruch, wenn ich zwanzig Minuten damit verbringe, meinen geistigen Frieden herzustellen und mich daran zu erinnern, was für einen Tag ich erleben möchte – einen Tag, den ich Gott widme. Ich beginne den Tag mit drei Absätzen aus dem »Kurs in Wundern«, die ich Ihnen gerne mitteilen möchte:

Ich bin kein Körper. Ich bin frei.
Denn ich bin immer noch so, wie mich Gott geschaffen hat.

Der Friede Gottes ist mein einziges Ziel.
Das Ziel meines ganzen Lebens hier auf Erden,
meine Lebensaufgabe und mein Lebenssinn,
während ich fern von meiner wahren Heimat bin.

Ich bin nur hier, um wahrhaft zu helfen.
Ich bin hier, um Ihn zu vertreten, der mich geschickt hat.
Ich brauche mich nicht darum zu sorgen,
was ich sagen oder tun soll, denn Er,
der mich geschickt hat, wird mich führen.
Ich bin zufrieden, überall dort zu sein, wo Er es möchte,
in dem Wissen, daß Er mich begleitet.
Ich werde geheilt sein, wenn ich zulasse,
daß Er mich Heilen lehrt.

Ein weiterer Bestandteil meines Heilungsprozesses ereignet sich am Ende des Tages, wenn ich weitere zwanzig Minuten darauf verwende, mein Bestes zu tun, um zu erkennen, daß all meine Erfahrungen positive Lektionen sind, die Gott mir aufgegeben hat, selbst wenn dies nicht den Anschein hat.
Als nächstes spreche ich ein Dankgebet für all die Gnade, die Gott mir zuteil werden läßt. Dann bringe ich meine Bereitschaft zum Ausdruck, eine friedliche Nacht zu erleben und auch im Schlaf mit Gott zu gehen.

Gerald Jampolsky, Dr. med., ist Psychiater und Begründer des »Center for Attitudinal Healing« in Tiburon, Kalifornien. Er hat zahlreiche Bücher veröffentlicht:»Aus der Dunkelheit ans Licht« (München: Kösel, 1991); »Die Kunst zu vergeben« (München: Kösel, 2. Aufl. 1988); »Lieben heißt die Angst verlieren« (München: Goldmann, Neuaufl. 1991); »Wenn deine Botschaft Liebe ist...« (München: Kösel, 4. Aufl. 1988); *u.a.*

PATRICIA NORRIS

Heilen: Was wir von Kindern lernen können

Außer den Gemeinsamkeiten, die allen Therapien und Therapeuten zugrunde liegen, gibt es einen weiteren roten Faden, der die andere Hälfte der Gleichung bei einem Heilungsprozeß darstellt: die Selbstheilungskräfte des Klienten.
Bei meiner Arbeit mit der psychophysiologischen Therapie besteht das Ziel in der Selbstregulierung, der Selbstheilung des Klienten. Der Therapeut hat die Aufgabe, dem Klienten zu zeigen, wie er sich selbst heilen kann, und dabei ist er gleichzeitig Lehrer und Publikum. Die Eigenschaften, die der Klient bereits mitbringt oder sich in der Therapie aneignet, sind von wesentlicher Bedeutung für den Verlauf der Therapie und ihren Erfolg.
Was sind nun diese Eigenschaften oder Geisteshaltungen, die zu einem positiven Resultat führen, einer heilsamen Beziehung zwischen den Selbstheilungskräften des Geistes und des Körpers? Seit kurzem nimmt das Interesse an der Erforschung der Fähigkeiten zu, die das Wohlbefinden stärken, uns gesund erhalten oder zur Heilung oder zum Überwinden einer tödlichen Krankheit führen.
In meiner eigenen Arbeit beobachtete ich Kinder und begann, mich für die persönlichen Faktoren zu interessieren, die bei der Heilung signifikant sind, und dafür, wie man sie auslösen kann. Kinder zeigen eine ausgesprochen starke Fähigkeit, sich auf den Heilungsprozeß einzulassen und die Selbstregulierung zu erlernen. Wie jeder Therapeut weiß, der die Biofeedbackmethode bei Kinder anwendet, sind sie fast ausnahmslos in der Lage, ihre Hände problemlos aufzuwärmen (die Blutzirkulation in den Händen zu erhöhen, indem sie ganz einfach daran denken).

Kinder, die von Natur aus offen, empfänglich, vertrauensvoll, enthusiastisch, unvoreingenommen und lernbegierig sind, können uns ein Beispiel dafür liefern, welche Einstellung man zur Heilung haben sollte. Ihre Stärken liefern den roten Faden der Heilung, eine Bereitschaft zur Transformation. Kinder befinden sich in einem ständigen Lernprozeß: sie lernen laufen, sprechen, Fahrrad fahren, lesen und schreiben. Mit anderen Worten, sie lernen, mit ihrem Körper, ihrer Sprache und ihrer Kultur umzugehen. Sie sind offen zu lernen und erwarten, daß ihnen gelingt, was sie in Angriff nehmen. Wenn man ihnen sagt, daß sie zu etwas imstande sind, zweifeln sie nicht daran. Wenn Sie sagen: »Mit diesem Knopf schaltest du den Fernseher ein«, antworten sie: »Okay«, und drücken auf den Knopf. Wenn man ihnen sagt, daß sie ihre Hände erwärmen oder mehr Blut in ihre Zehen fließen lassen oder weiße Blutkörperchen losschicken können, die ihren Tumor bekämpfen, antworten sie: »In Ordnung«, und tun es. Für Kinder ist eine Aufgabe wie die andere.

Diese Strategie wandte ich bei Garrett an, meinem ersten Krebspatienten, ein Kind mit einem Gehirntumor. Von ihm lernte ich unendlich viel über den Heilungsprozeß. Tatsächlich waren all meine Klienten meine Lehrer. Garrett lernte, seine Hände zu erwärmen, danach seine Füße und jeden Körperteil, dem er seine Aufmerksamkeit zuwandte. Er lernte, Herzschlag und Veränderungen des Hautwiderstandes zu kontrollieren. Das Biofeedback lieferte den überzeugenden Beweis, daß er tatsächlich zu dieser Kontrolle fähig war. Da er gesehen hatte, daß er Blut in jeden beliebigen Körperteil strömen lassen konnte, fiel es ihm nicht schwer zu glauben, daß er auch die weißen Blutkörperchen zur Anregung des Immunsystems beeinflussen konnte.

»Laß es mich selbst machen«, ist ein Ausspruch, der jedem vertraut ist, der Kinder kennt. Sobald sie in der Lage sind und sogar schon davor, wollen sie alles selbst machen. Dieser Ehrgeiz kann besonders für die Kinder wichtig sein, die an einer lebensbedrohlichen Krankheit wie schweren Verbrennungen oder

Krebs leiden. Die Behandlungen, denen sie sich unterziehen müssen, sind oft traumatisch, und trotz der Bemühungen aller Beteiligten hinterlassen diese Erfahrungen häufig tiefe, seelische Narben in den Kindern. Es fällt ihnen schwerer als Erwachsenen zu verstehen, daß ihnen etwas Schmerzhaftes oder Furchterregendes helfen oder zur Besserung ihres Zustands beitragen kann, wenn die momentanen Auswirkungen so unangenehm sind. Ihre Fähigkeit der Selbstregulierung kann ihnen im Umgang mit schwierigen Behandlungen von großem Nutzen sein. Wenn sie das Gefühl haben, an ihrer eigenen Heilung teilzuhaben und eine Möglichkeit finden, einige ihrer Beschwerden und ihre Angst zu lindern, kann dies ausgesprochen positive Wirkungen hervorbringen.

Tommy, der an der Hodgkinschen Krankheit litt und sich einer Reihe von schweren Behandlungen unterziehen mußte, sagte einmal zu mir: »Meiner Meinung nach wird nicht genug auf das Bedürfnis des Patienten geachtet, Verständnis und Hilfe zu erhalten, seine Wut loszuwerden. Ich glaube, mich heilte der Geist, aber die Wut auf den Krebs kochte in mir. Doch alle Anstrengungen dienten nur dem Zweck, daß es mir körperlich besser ging. Es war die Einstellung: ›Nun, wir müssen dir helfen zu leben.‹

Ein kleines Kind kann sich viel schwerer vorstellen, was bei einer Chemotherapie geschieht. Beim Biofeedback *wußte* ich, was geschah, um die Kontrolle über den Krebs zu bekommen. Es war eine schmerzliche, aber immer stärker werdende Erfahrung. Nun lebe ich in der Vorstellung, eine ganze Lebensspanne zur Verfügung zu haben.«

Tommy ertrug die schmerzhaften Behandlungen aufgrund der Selbstregulierung, die er durch das Biofeedback und die Visualisation lernte, leichter.

Kinder besitzen die Fähigkeit, ihre eigene Macht und Verantwortung zu akzeptieren, ohne jemandem die Schuld zu geben. Für Erwachsene bedeutet die Vorstellung, daß wir die Verantwortung für unser Wohlbefinden übernehmen können, oftmals, daß sie schuld an ihrer Krankheit sind. Ihre Selbstzweifel führen zu der Annahme: »Wenn ich verantwortlich bin, trage ich auch die Schuld.« Selbstverständlich entscheidet sich niemand absichtlich oder bewußt, krank zu werden. Kinder akzeptieren, daß sie lernen können, wie es ihnen besser geht, und fühlen sich dabei ebenso wenig schuldig, wie wenn sie schreiben oder sprechen lernen.

Es besteht ein enormer Unterschied zwischen Schuldzuweisung und dem Übernehmen der Verantwortung. Die Tatsache, daß wir die Verantwortung für unsere Gesundheit und unser Leben übernehmen können, ist eine gute Nachricht. Wenn es psychosomatische Krankheit gibt (was niemand bezweifelt), muß es auch psychosomatische Gesundheit geben, wie Elmer Green behauptet. Wenn wir uns (unabsichtlich) krank machen können, dann können wir uns – willentlich – wieder gesund machen. Es ist das Übernehmen der Verantwortung, das den wirklichen Transformationsprozeß der Heilung einleitet. Dies zeugt von einem Wandel des »Opferbewußtseins« zu einem Gefühl der Macht.

Oftmals betrachten wir kranke Menschen als »Opfer« ihrer Krankheit, was ihr Gefühl der Hilflosigkeit noch verstärkt. Ein wichtiger Teil unserer Arbeit mit Erwachsenen, die Heilung brauchen, besteht darin, ihnen das Gefühl der Macht zu geben, das Kinder von Natur aus besitzen. Dies ist das Gegenteil von Hilflosigkeit: Es ist ein Gespür für das eigene Potential des Seins, Handelns und Fühlens. Ein junges Mädchen, das an der Hodgkinschen Krankheit litt, sagte einmal zu mir: »Meine Veränderung reicht noch viel weiter, als den Krebs zu besiegen. Ich mag mich jetzt viel lieber.«

Entwicklungsgeschichtlich befinden sich Kinder in einem Zustand der starken Integration von bewußten und unbewußten Vorgängen. Dies ist ein Grund für ihre ausgesprochen gute Lernfähigkeit. Wenn Sie mit vier oder fünf Jahre alten Kindern ins Ausland gehen, werden Sie feststellen, daß sie die Fremdsprache schon bald wie ihre Muttersprache sprechen. Das Lernen findet gleichzeitig auf mehreren verschiedenen Bewußtseinsebenen statt.

Wir entdecken gerade, daß auch Erwachsene so schnell wie Kinder lernen können, wenn sie den Bewußtseinszustand, in dem sich Kinder die meiste Zeit befinden, mit Hilfe von Methoden, wie sie zum Beispiel beim Superlearning verwendet werden, absichtlich herbeiführen. Ein Therapieziel besteht darin, Zugang zum Unbewußten zu finden, um die bewußte Kontrolle über das Unbewußte zu verstärken. Diesen Zweck erfüllt die Selbstregulierung und Willenskontrolle über innere Zustände auf physiologischer Ebene, was außerdem tiefgreifende psychologische Wirkungen erzielt.

Oftmals mangelt es den Klienten zu Beginn ihres Genesungsprozesses an Selbstachtung und dem Gefühl, die Kontrolle über sich selbst zu besitzen. Diese Gefühle behindern den Lernprozeß. Wenn man Kinder normal und liebevoll behandelt, besitzen sie eine gesunde Selbstachtung und haben kaum das Gefühl zu versagen. Sie erleben die Selbsterfahrung als eine aufregende Sache. Kinder können sich in einer Art und Weise mit Problemen auseinandersetzen, die einen Erwachsenen nicht selten verblüfft.

Einige Kinder, mit denen ich mich beschäftigt habe, machten außerkörperliche Erfahrungen, die sie ganz einfach für bare Münze nahmen. Sie machen sich keine Gedanken darüber, ob eine Erfahrung im Widerspruch zu irgendwelchen Vorstellungen steht. Garrett erzählte mir folgendes: »Nachts tritt mein innerer Körper aus mir heraus und schwebt im Wohnzimmer herum.« Als Garrett und ich später darüber redeten und ich die Sprache auf sein wahres Selbst bringen wollte, sagte ich: »Weißt du, Garrett, es sieht aus wie dein innerer Körper...« Er sah mich ernst an und antwortete: »Das ist mein wahres Selbst.« Ich war ziemlich überrascht. Scheinbar sprach eine tiefe Weisheit aus ihm.

Kinder können sich auch leichter und natürlicher mit dem Tod konfrontieren als Erwachsene. Meiner Meinung nach ist diese Fähigkeit für den Heilungsprozeß wichtig. Jeder kann daraus Nutzen ziehen, wenn er sich mit dem Tod beschäftigt. Wenn Kinder den Tod in Betracht ziehen, erleben sie den Heilungsprozeß als Abenteuer und sehen ihre Genesung als Möglichkeit, aber nicht als die einzige, für ihre Heilung notwendige Voraussetzung. Auch der Tod kann heilsam sein. Die Angst vor dem Tod kann eine sich selbst erfüllende Prophezeiung hervorrufen. Es ist wichtig, daß die Patienten den Tod nicht als ihren Feind betrachten. Kinder können besser mit dem Tod umgehen. Sie sind von Natur aus in der Lage, im Augenblick zu leben, im »Hier und Jetzt«, und in einem Zustand zu sein, den sich Erwachsene oftmals mühsam erarbeiten müssen, indem sie durch Meditation, Therapie oder irgendeine andere bewußte Anstrengung wieder umlernen.

Ein weiterer Faktor, der zur Heilung beiträgt, ist der Dienst am Nächsten. Kinder besitzen ein natürliches Mitgefühl. Sie wollen sich gegenseitig helfen. Sie besitzen die Fähigkeit der Objektivität gegenüber sich selbst und anderen. Sie leben beide Seiten der goldenen Regel – sie lieben ihren Nächsten wie sich selbst, und sich selbst wie ihren Nächsten.

Natürlich muß der Therapeut an die Selbstheilungskraft seines Klienten glauben. Die Überzeugung, daß der Erfolg des Bemühens möglich, wenn auch nicht garantiert ist, spielt eine entscheidende Rolle. Eine negative Einstellung und Selbstzweifel richten überflüssige Schranken auf. Eine positive Erwartungshaltung zusammen mit einer positiven Erfahrung von Kontrolle beseitigt diese Zweifel. Kindern fällt es leichter, diese, Hoffnung zu haben.

Zum Glück können wir die Art, wie wir uns selbst wahrnehmen, und unseren Umgang mit den Streßfaktoren in unserem Leben ändern. Wir können uns die Fähigkeiten und das Potential aneignen, um Streß als Herausforderung und als Lernmöglichkeit zu betrachten. Wenn wir lernen, unsere Reaktionen auf Streß zu kontrollieren, können wir uns Herausforderungen allmählich energievoll und positiv stellen, anstatt verzweifelt und deprimiert zu reagieren. Diese veränderte Einstellung kann ausgesprochen heilsam wirken.

Für unseren Körper ist Heilung ganz natürlich. Das Streben, uns weiterzuentwickeln und uns ständig ein höheres Ziel zu stecken, wird am Beispiel von Kindern deutlich. Jeder von uns kann diese Fähigkeit erlangen, wenn wir bereit sind, diese Kräfte wiederzuerwecken, die unser natürliches Erbe sind – unser Potential, gesund zu sein; unsere Möglichkeit der freien Entscheidung, unsere Selbstheilungskraft und unsere Fähigkeit, die Kontrolle über uns selbst zu erlangen.

Patricia Norris, Dr. phil., ist die Leiterin des »Biofeedback and Psychophysiology Center« an der Menninger Klinik in Topeka, Kansas. Sie arbeitet, forscht und lehrt auf dem Gebiet der Selbstregulierung von Geist/Körper-Prozessen. Sie ist Coautorin (mit Garrett Porter) des Buches: »I Choose Life: The Dynamics of Visualization and Biofeedback«.

TEIL 7

Bewußtsein und die Heilwirkung

Vollkommene Gesundheit und spirituelles Erwachen sind in Wirklichkeit ein und dasselbe.

Tarthang Tulku

Heilung geht weit über den physischen Körper hinaus. Sie geschieht, wenn wir uns an unsere inneren Quellen anknüpfen, anstatt Hilfe von außen zu suchen. Sie ist die innere Verbindung mit dem Teil in uns, der bereits geheilt ist; eine Umerziehung unseres Geistes, um den Fluß und die ständige Veränderung des Lebens zu akzeptieren. Mit Entschlossenheit und Übung lernen wir, unseren Geist zu kontrollieren. Damit ist die umfassendste Heilung verbunden, die im Sieg über das Leiden besteht.

Die Autorinnen und Autoren dieses Teils des Buches erklären, wie ein »friedlicher Geist« uns die Natur der Veränderung und Unbeständigkeit offenbart. Durch die Gedankenstille beginnen wir, unser eigenes Leiden und unseren Schmerz anzunehmen. Wir entdecken, daß das Annehmen unserer Krankheit oftmals der einzige Weg ist, sie zu überwinden.

Wenn wir lernen, alle Aspekte des Lebens zu akzeptieren, erwachen wir zu unserer Ganzheit. Krankheit und Leid werden von einem Geist verursacht, der getrennt und voller Verwirrung und Verzweiflung ist. »Geheilt« zu werden, bedeutet, sich wieder in einen Zustand zu versetzen, in dem geistiger Frieden herrscht.

JOAN HALIFAX

Der Geist des Heilens

Es gibt eine Zen-Geschichte, die einen Weg eröffnet, den Ursprung von Leiden und Gesundheit zu finden. Vor vielen Jahren kämpfte ein Mönch in einem japanischen Zen-Kloster mit seiner Meditation. Jedesmal, wenn er sich hinsetzte, um zu meditieren, sah er eine riesengroße Spinne, die ihn bedrohte. Nachdem er große Angst und schlaflose Nächte durchlebt hatte, beschloß er schließlich, die Spinne zu töten.

Als er mit einem großen Messer in der Hand zur Meditationshalle ging, sah ihn sein Meister und fragte, was er vorhabe. Der junge Mann erzählte ihm von seiner Not. Der Meister hörte aufmerksam zu und empfahl dem jungen Mönch eine Strategie. Zunächst sollte er seinen Pinsel holen und ein Kreuz auf den Rücken der Spinne malen, um dann am nächsten Tag das Messer in den Mittelpunkt des Kreuzes zu stoßen.

Der Mönch kam mit seinem Pinsel und Tusche in die Meditationshalle. Als die Spinne auftauchte, malte er sorgfältig ein Kreuz auf ihren Rücken. Recht zufrieden verließ er die Meditationshalle – und entdeckte auf der Vorderseite seines Gewands ein großes X. Man konnte sein Gelächter überall hören.

Dieser Mönch hatte das Ungeheuer nach außen projiziert. Bei einem anderen könnte es ebensogut innen erscheinen. Im Üben von Achtsamkeit werden wir dazu aufgefordert zu erkennen, daß der Geist sehr stark dazu neigt, Liebe und Haß, Geburt und Tod, Krankheit und Gesundheit, ja sogar Ungeheuer und Zauberei zu erschaffen. Durch kulturelle und gesellschaftliche Einflüsse wird unser Geist dazu erzogen, mit sich selbst Verstecken zu spielen, ein Spiel des Vergessens im ständigen Fluß der vielschichtigen Aktivität des Geistes, der Gefühle und körperlichen Empfindungen, ob sie nun angenehm, unangenehm oder neutral sind. Diese Obsessionen zwingen uns in Muster von mehr oder weniger starkem Leiden und Krankheit, von denen wir uns nur schwer wieder befreien können.

Buddhismus und Schamanismus lehren die Kunst der Luzidität, Bewußtheit oder Aufmerksamkeit. Die Förderung von Bewußtheit wurzelt in der Motivation oder Absicht. An dieser Stelle beginnt die Heilung und das Leiden hört allmählich auf. Schließlich muß die Erfahrung der Absicht den Körper/Geist völlig durchdringen, damit er sich aus dem Muster des Leidens befreien und neu organisieren kann. Die Entwicklung der Absicht findet innerhalb der Erfahrung statt, mit dem Inhalt und der Bewegung des Geistes wirklich vertraut zu werden. Im Buddhismus kann dies durch die Übung der Meditation oder Aufmerksamkeit bewirkt werden.

In der Meditation entdecken wir, daß sich uns neue Dimensionen eröffnen. Wenn wir den Meditationssaal oder Zendo betreten, müssen wir uns dafür entscheiden, körperlich ruhig zu werden. Wir lassen die Aktivität unseres Alltagslebens hinter uns und ziehen uns freiwillig zurück. Von einem bestimmten Standpunkt aus betrachtet besteht kein großer Unterschied darin, ob man sich in die Meditationshalle oder das Krankenhaus begibt. In beiden Fällen sucht man Heilung für sein Leiden. Wie der Indianer, der auf einem Berggipfel betet, um eine Vision zu bekommen, wählt der Meditierende die heilige Zurückgezogenheit. Der Patient im Krankenhaus jedoch hat diese Entscheidung gewöhnlich nicht bewußt gefällt. Vielmehr hat es die Krankheit erforderlich gemacht, sich vom normalen Leben zurückzuziehen. Doch in beiden Fällen findet ein Rückzug von den Aktivitäten und dem sozialen Bereich des Alltags in die Einsamkeit statt.

In der Meditation beginnen wir, innere Stille und inneren Frieden herzustellen. Indem wir unsere gewohnten Aktivitäten einstellen, erkennen wir den unaufhörlichen Fluß der Gedanken, die uns antreiben. Durch die Erfahrung der Gedankenstille bekommen wir einen ersten Eindruck von der Natur der Veränderung und der Unbeständigkeit. Wenn wir später auch noch unseren Körper in Ruhe versetzen, werden wir innerlich immer stiller, je mehr unsere Fähigkeit der Selbstbeobachtung zunimmt.

Nun eröffnet sich uns der nächste Bereich der Meditation, wenn wir über die Frage der Absicht meditieren. Wenn wir aufgehört haben, gegen die Zeit anzukämpfen, und allmählich die Nützlichkeit des »Nichtstuns« akzeptieren können, öffnet sich vor uns der weite Raum der Geduld. Wenn wir uns ganz der Meditation hingeben, akzeptieren wir allmählich auch unser eigenes Leid und – in noch tieferer Meditation – unseren Tod. Den Schmerz und das Leid anzunehmen, ist oftmals der Weg zur Heilung. Hier erleben wir auch die Hingabe an einen Heiler und Meister. Durch die Hingabe arbeiten wir langsam bewußter mit der Unbeständigkeit. Wir akzeptieren die Meditation als eine Möglichkeit, die Veränderung als etwas Positives zu betrachten. Ein Schüler notierte hierzu folgendes: »Veränderung ist unvermeidlich. Wachstum ist freiwillig.« Indem wir Meditation als Medizin erkennen, die das Leiden heilt, und uns darauf konzentrieren, Erkenntnis zu erlangen, entdecken wir, daß die reine Bewußtheit die Bedingungen schafft, damit dies tatsächlich geschehen kann.

Eine der tiefgreifendsten Wirkungen der Übung der Aufmerksamkeit ist die Synchronisation von Geist und Körper durch eine Einheit von Atem und Bewußtheit, und dann durch die Einheit von Geist und Körper mit der Realität. Hierin finden wir einen überzeugenden Beweis für den roten Faden, der sich durch alle Heilmethoden zieht. Es wurde wiederholt beobachtet, daß Krankheit und Leiden durch die Spaltung zwischen Geist und Körper eindringt. Wenn Geist, Körper und Außenwelt nicht in Einklang miteinander sind, wenn das Bewußtsein der wechselseitigen Verbundenheit zwischen innen und außen fehlt, durchdringt die Erfahrung von Entfremdung den Geist.

Der Meditierende vertieft seine Konzentration durch eine noch lebendigere Verbindung zu seinem Üben. Der Beobachter wird eins mit dem Atem, wobei die Spaltung des Geistes langsam abnimmt. Der Körper und der Geist fließen im Atemrhythmus. Geist und Körper beginnen, einander zu erkennen. Schon immer waren sie Partner, die sich nur den Rücken zugekehrt hatten. Der Geist begann, den Körper zu drangsalieren wie ein Dompteur, der keine Rücksicht auf das Wohl seines Schützlings nimmt. Die Bedürfnisse oder Abneigungen des Körpers ließen im Geist allmählich Muster der Gier oder Abscheu entstehen. Die Wiedervereinigung von Körper und Geist wird durch das Fließen des Atems in der bewußten Konzentration bewirkt.

Die nächste Stufe der Meditation hängt mit der Erkenntnis oder dem Verständnis zusammen. Bisher wurde der Geist von den Konditionierungen beherrscht. Wenn seine Unterscheidungsfähigkeit erwacht, wird eine direkte Wahrnehmung, Erkenntnis und Verständnis möglich. Im Falle der Heilung gelangt man zur Erkenntnis der Ursache, des Zwecks und der Heilung von Krankheit, wenn der konditionierte Geist keine Kontrolle mehr über die tieferen Bewußtseinsebenen hat. Tief verwurzelte Muster zu verstehen und aufzulösen, geschieht durch bedingungsloses Erkennen und direkte Wahrnehmung. Dies ist die Erfahrung, »die Welt anzuhalten« oder den Geist anzuhalten. Der Geist kommt zum Stillstand und ist bereit zur Veränderung. Im Schamanismus wird dieser Zustand als »Sehen«, im Buddhismus als »Achtsamkeit« bezeichnet.

Das Üben der Achtsamkeit nimmt eine soziale Dimension an, wenn der Meditierende das Leiden der Welt klar erkennt. Im Mahayana Buddhismus wird großes Gewicht darauf gelegt, nicht nur für sich selbst, sondern auch für andere das Richtige zu tun. Das bekannte Versprechen: »Ich gelobe, die Erleuchtung zu erlangen, um alle Lebewesen von ihrem Leiden zu erlösen«, dient dem Buddhisten auf seinem Weg zur Gesundheit als Orientierung. Dieser Aspekt der Meditation bringt uns zurück auf den Marktplatz. Der Schwerpunkt liegt nun auf dem Engagement für andere. Hier finden wir die Heiler, Schamanen, Meister und Friedensstifter, all jene, die sich dazu verpflichtet haben, die sozialen Institutionen zu transformieren, die Krankheit fördern, und den leidenden Menschen, der Kultur und Umwelt zu helfen. Das soziale Engagement zeigt, daß wir die innere Fähigkeit entwickelt haben, angesichts aller Eventualitäten völlig angemessen zu handeln, und in jedem Augenblick erleuchtet zu sein. Im Zen heißt es: »Wenn du hungrig bist, iß. Wenn du müde bist, schlafe.« Tu nur, was notwendig und angemessen ist. Dies bedeutet, in Harmonie mit der Welt zu sein. Wenn wir mit den Feinden unseres eigenen Lebens und unseres Geistes gerungen und sie zu unseren Verbündeten gemacht haben, besitzen wir die Fähigkeit, die Feinde der Welt auszusöhnen. Dies wird Versöhnung oder Frieden genannt.

Die Achtsamkeit gehört daher sowohl in den sozialen als auch persönlichen Wirkungsbereich. Sie ist die Quelle, aus der jedes Mitgefühl entspringt. Dieses Mitgefühl hat nichts mit dem selbstverherrlichenden Rettergebaren zu tun. Es ist unauffällig und sogar erbarmungslos, sachlich und wirtschaftlich. Es ist sich der größeren Zusammenhänge und Konsequenzen bewußt. Oftmals bemerkt man es nicht einmal.

Dies führt uns zur letzten Dimension, die auf dem Pfad der Jüngerschaft erkannt werden muß – das Wirken im Geheimen. Hier haben wir den gewöhnlichen Geist und das normale Leben voll erkannt. Geist, Körper und äußere Realität sind eins geworden. Der Große Geist durchdringt jeden einzelnen Augenblick und jede einzelne Schöpfung. Für ihn gibt es kein Hindernis, keine Erleuchtung, keinen Tod, kein großes Geschäft.

Abschließend könnte man sagen, Achtsamkeit ist der rote Faden oder die Quelle der Heilung. In der Tat kann man sie als Synonym für Heilung betrachten. Krankheit und Leiden werden von einem Geist verursacht, der von Leidenschaft, Haß und Verwirrung zerrissen ist. Geheilt zu werden, bedeutet, seine ursprüngliche Natur wiederherzustellen, wo Geist, Körper und die Welt eins miteinander sind.

Joan Halifax, Dr. phil., ist Anthropologin und hat mit Schamanen und Heilern auf der ganzen Welt gearbeitet. Sie ist Präsidentin der »Ojai Foundation« in Ojai, Kalifornien, und Mitbegründerin der »Foundation School«. Von Joan Halifax sind folgende Bücher erschienen: »Die andere Wirklichkeit der Schamanen« (Bern/München: Scherz, Sonderausg. 1984); »Schamanen Zauberer, Medizinmänner, Heiler« (Frankfurt a.M.: Insel). *Sie ist praktizierende Buddhistin. Ihr Essay wurde von Richard Baker Roshis Lehren über die fünf Ebenen der Jüngerschaft inspiriert.*

LARRY DOSSEY

Der Geist jenseits des Körpers

Es ist möglich, die Unterschiede zwischen den unzähligen Heilmethoden, die in der Geschichte der Menschheit entstanden sind, deutlich zu machen, was sehr nützlich ist. Aber die Unterschiede scheinen für sich selbst zu sprechen, denn viele davon sind offensichtlich. Wir können erkennen, wie sehr sich die Methoden eines Schamanen von denen eines modernen Internisten unterscheiden. Was jedoch nicht so offensichtlich ist, ist der unsichtbare, rote Faden, der sich durch alle Heilsysteme von der Antike bis zum heutigen Tag zieht und die offensichtlichen Unterschiede überwiegt. Dieser gemeinsame Nenner kann als Geist oder Bewußtsein bezeichnet werden.
Welche Rolle spielt der Geist beim Heilen, und wie verbindet er die Heilmethoden miteinander, die Heiler seit undenklichen Zeiten verwendet haben?
Um eine Antwort auf diese Frage zu finden, müssen wir über die allgemein verbreitete Sichtweise der Realität hinausgehen, die in unserer westlichen Vorstellung von der Welt vorherrscht, und bereit sein, die Möglichkeit in Betracht zu ziehen, daß die Dinge nicht so sind, wie sie scheinen. Immer wenn gewisse Kulturen einräumen, daß uns die Sinneswahrnehmungen nicht alles erklären können, eröffnen sich neue Perspektiven von der Welt. Daraus resultiert eine »vielschichtige« oder hierarchisch geordnete Weltsicht. In dieser Ordnung werden einige Schichten der Realität als wirklicher oder hervorstechender wahrgenommen als andere.
Wenn die Menschen eine solche hierarchische Weltsicht erlangt haben, stehen Geist und Bewußtsein ausnahmslos an der Spitze. Sobald man sich in der Reihenfolge dieser Weltordnung auf die »unteren« Ebenen begibt – von den Menschen, Tieren und

Pflanzen zu den Steinen, Molekülen und Atomen –, nimmt die Bewußtheit ab. Daher ist die ganze Welt in der hierarchischen Weltsicht vom Geist beseelt, wenn auch in verschieden starkem Ausmaß. Von dieser nicht lokalen Perspektive aus betrachtet durchdringt der Geist die Welt und ist nicht auf bestimmte Bereiche begrenzt.

In unserer Kultur jedoch behaupten wir genau das Gegenteil: Der Geist ist lokal auf das Gehirn begrenzt und nur ein Produkt der Anatomie, Physiologie und Chemie dieses Organs. Die Zerstörung des Gehirns bedeutet deshalb die Auslöschung des Geistes. Darüber hinaus bedeutet diese begrenzte Vorstellung vom Geist, daß es den Geist in der Mehrzahl gibt – einen Geist für jedes einzelne der viereinhalb Billionen menschlicher Gehirne auf unserem Planeten.

Diese begrenzte Auffassung war in unserer Kultur sehr beliebt, und wird natürlich durch überzeugende Beweise erhärtet. Aber diese Betrachtungsweise des Geistes ist nicht mehr haltbar, wenn wir untersuchen, wie der Geist tatsächlich funktioniert.

In der Tat weigert sich der Geist standhaft, sich so zu verhalten, als wäre er örtlich begrenzt, wie Beweise aus der modernen Wissenschaft zeigen. Heute wissen wir zum Beispiel, daß im ganzen Körper Gehirnsubstanz vorkommt. Rezeptoren für chemische Endorphine wurden in vielen anderen Körperteilen gefunden, darunter im Magen-Darm-Trakt und in bestimmten weißen Blutkörperchen. Tatsächlich werden Endorphine auch außerhalb des Gehirns produziert. Selbst vom konservativen Standpunkt der modernen Neurochemie aus betrachtet ist es schwierig, wenn nicht sogar unmöglich, daran festzuhalten, daß das Gehirn eindeutig lokalisiert ist.

Darüber hinaus scheint immer mehr dafür zu sprechen, daß der Geist nicht auf einen bestimmten Bereich begrenzt ist. Es scheint nicht nur, als hätte er die Grenzen des Gehirns verlassen und sich über den ganzen Körper ausgebreitet, sondern als hätte er sogar den Körper verlassen. Es spricht viel dafür, daß der Geist in der Welt im Großen und Ganzen vorhanden und *an keinem Ort* lokalisiert ist. Zu den überzeugendsten Beweisen für diese Tatsache zählt eine Versuchsreihe, die in den vergangenen Jahren an der Universität Princeton von Professor Robert G. Jahn und Brenda Dunne im »Engineering Anomalies Research Laboratory« durchgeführt wurde.

In einem computergesteuerten Experiment haben Jahn und Dunne nachgewiesen, daß der Geist komplizierte Botschaften über große Entfernungen hinweg detailliert übermitteln kann. Es scheint keinen Unterschied auszumachen, ob die Versuchspersonen durch einen Häuserblock voneinander getrennt sind oder sich an beiden Enden der Welt befinden. Die Botschaften kommen an, manchmal sogar bis ins Detail genau. Darüber hinaus scheint auch die *zeitliche* Trennung keine Rolle zu spielen. Die Information erreicht den Empfänger manchmal bis zu drei Tage, bevor sie gesendet wurde. Dieses Talent besitzen nicht nur ein paar begabte Testpersonen. Auch normale Menschen sind dazu fähig.

Diese Erkenntnisse werden durch die sorgfältigen Forschungen des Kardiologen Randy Byrd vom San Francisco General Hospital bestätigt, die sich mit der Ferneinwirkung von Gebet auf Schwerkranke beschäftigen. Seine Forschungsergebnisse zeigen, daß es scheinbar keinen Unterschied macht, ob derjenige, der das Gebet spricht, im Nebenzimmer oder Tausende von Meilen vom Patienten entfernt ist.

Wenn man den Geist als etwas auf den Körper Begrenztes betrachtet, lassen sich diese Erkenntnisse nicht erklären. Natürlich steht es uns frei, dieses Wissen als Fehlinformation oder Betrug abzutun (was Kritiker häufig tun). Aber wenn wir versuchen, diese Entdeckungen zu erklären, eröffnen sie eine völlig neue Perspektive und liefern uns ein ganz anderes Bild vom Wesen des Bewußtseins, als wenn wir es nur auf unseren augenblicklichen Körper begrenzen. In der alternativen Betrachtungsweise wohnt der Geist nicht nur im Körper, sondern er ist grenzenlos in Raum oder Zeit und nicht-stofflich.

Aber das ist noch lange nicht alles. Wenn sich der Geist nicht an einem Ort im Raum oder in der Zeit befindet, dann ist er grenzenlos. Wenn er grenzenlos ist, spaltet er sich nicht in voneinander getrennte Gehirne auf. Dies bedeutet, daß er nicht individuell sein kann, wie wir immer geglaubt haben. Zugegeben, der Geist wirkt durch die individuellen Gehirne, so wie ein Radiosignal durch einen Empfänger übermittelt wird. Aber das ist nicht die ganze Wahrheit. Im wesentlichen muß es einen einzigen Geist geben.

Diese Vorstellung von der einheitlichen Natur des Geistes, die durch viele moderne Beweise gestützt wird, führt zu einer neuen Betrachtungsweise des Heilens. Sie legt die Vermutung nahe, daß beim Heilungsprozeß nur ein einziger Geist beteiligt ist. Der Geist aller Heiler ist eins und nicht an Raum oder Zeit gebunden. Dieser Geist schließt auch den Patienten mit ein. So gesehen ist jede Therapie ein Selbstheilungsprozeß, denn in Wirklichkeit gibt es keinen »anderen«, der außerhalb des Therapeuten existiert. Demgemäß wirken Heiler niemals allein. Vielmehr heilen sie in Folge der nicht lokalen Natur des Geistes als Gemeinschaft.

Wenn wir über die neuen Modelle vom menschlichen Bewußtsein nachdenken und sie auf unsere Alltagserfahrungen übertragen, müssen wir ständig darauf achten, sie nicht zu sehr zu vereinfachen. Bedauerlicherweise besteht die Tendenz zu glauben, daß es nur eine einzige Krankheit gibt, wenn der Geist aller Menschen eins ist. Aber dies ist offenkundig nicht der Fall. Es ist Ihr Bein, das gebrochen ist, nicht meines. Es ist mein Krebs, der behandelt wird, nicht Ihrer. Wir dürfen nicht vergessen, wie wir oben bereits erkannt haben, daß es in der Welt eine Hierarchie gibt, die aufgrund dieses ordnenden Prinzips Unterschiede in der manifesten Welt hervorbringt. Wenn wir diese Unterschiede übersehen, enden wir in größerer Verwirrung als zuvor.

Es stimmt, daß der Körper mit dem Geist verbunden ist, aber das bedeutet nicht, daß sie ein und dasselbe wären – bis zur Ununterscheidbarkeit irgendwie miteinander verschmolzen. Körper manifestieren sich unbestreitbar so, *als ob* sie getrennt wären. Sie gehen kaputt, *als wären* sie Maschinen; und sie können manchmal repariert werden, *als ob* sie Maschinen wären. Wenn wir diese Tatsache nicht anerkennen, laufen wir Gefahr, viele wertvolle Therapien zu vernachlässigen, und gewisse magische Heilmethoden wieder einzuführen, wie die Behandlung, bei der ich Ihren gebrochenen Arm heile, indem ich meinen Arm in Gips lege. Diese Therapien haben einen entscheidenden Fehler: Sie funktionieren nicht.

In unserer Begeisterung über die Rolle, die der Geist beim Heilen spielt, müssen wir also darauf achten, die körperorientierten Therapien, die richtig und menschlich sind, nicht abzuschaffen, indem wir uns immer daran erinnern, daß die Welt einschließlich des Körpers die Gewohnheit hat, ausgesprochen starre, physische Manifestationen hervorzubringen, und daß, wenn das der Fall ist, körperorientierte Therapien durchaus angemessen sein können.

Sowie sich unsere Vorstellungen von Gesundheit und Krankheit verändern und wir allmählich die Bedeutung des Bewußtseins erkennen, müssen wir uns die nicht lokale Natur des Geistes ins Gedächtnis rufen. Leider wird diese Warnung häufig in den Wind geschrieben. Sogar diejenigen unter der wachsenden Anzahl von Menschen, die die Rolle, die der Geist beim Heilen spielt, erkennen, bringen ihren Patienten gewöhnlich nur bei, wie sie ihren *individuellen* Geist benutzen können, um eine *individuelle* Krankheit zu überwinden. Die allumfassende Natur des Geistes wird fast immer vergessen. Aber wir können nicht beides haben. Wir können nicht auf der einen Seite auf unser Ego bezogene Individuen bleiben und gleichzeitig um die allumfassende Heilkraft des einen Geistes wissen.

Der zeitgenössische Sufi-Meister Pir Vilayat Khan hat einmal folgendes zum Ausdruck gebracht: »Die Annahme, wir seien individuell, ist unsere größte Einschränkung.« Es ist eine Verzerrung unseres nicht lokalen Selbst – unserer wahren Natur. Mit dem Kult um das Individuelle geht die Intensivierung von Krankheit, Leiden und Tod einher. Wir können bis in alle Ewigkeit nach Behandlungsmethoden suchen, die sich einzig und allein auf den individuellen Menschen konzentrieren – sogar nach sogenannten »Geistheilungen«. Aber egal wie ausgeklügelt diese

Methoden auch sein mögen, sie werden sich immer als unzureichend erweisen, weil das zentrale Problem – unser Glaube, wir seien lokal begrenzte, individuelle Geschöpfe – nicht behandelt wird. Für diese Krankheit gibt es nur eine Heilmethode – die Große Heilung, die dann geschieht, wenn unser nicht lokales, grenzenloses Selbst erwacht.

Larry Dossey, Dr. med., ist der ehemalige Leiter des »Medical City Dallas Hospital« und eine bekannte Autorität auf dem Gebiet des alternativen Heilens. Veröffentlichungen: »Die Medizin von Raum und Zeit« (Reinbek: Rowohlt, 1987); »Wahre Gesundheit finden« (München: Knaur, 1991); *u.a.*

HAROLD BLOOMFIELD
Die heilsame Stille

Die Mediziner haben schon seit langem erkannt, daß Ruhe eine wichtige Rolle bei der Genesung spielt. Bettruhe beispielsweise wird gewöhnlich bei vielen Erkrankungen verordnet, angefangen von einer ganz normalen Erkältung bis hin zum Herzinfarkt. Je kränker wir sind, desto mehr wird der Arzt darauf drängen, daß wir ruhen.

Aber trotz dieser jahrhundertealten Wertschätzung der Ruhe, haben die Mediziner und Psychologen der *inneren Stille* bis vor kurzem nur wenig Aufmerksamkeit geschenkt. Ich bin davon überzeugt, daß die zeitlose Qualität der Stille so wichtig ist, daß wir sie zu den gemeinsamen Nennern des Heilerfolgs zählen können.

In unserer westlichen Kultur gibt es viele Gründe, die Stille zu vernachlässigen. Der vielleicht wichtigste Grund ist unser Glaube, daß ein erfolgreicher Mensch dynamisch sein, hart arbeiten, sein Leben in vollen Zügen genießen und den Druck und die Spannung der Schnellebigkeit unserer modernen Zeit aushalten muß. Viele Menschen halten innere Stille für Antriebsmangel, Trägheit und mangelnde Konkurrenzfähigkeit. Leidenschaft, Freude und alle anderen Emotionen, die das Leben aufregend machen, werden als Widerspruch zur inneren Stille betrachtet.

Diese Voreingenommenheit gegenüber der inneren Stille ist ein großer Fehler. Um zu verstehen, wie die innere Stille die vollkommene Heilung und das Wohlbefinden stärken kann, müssen wir uns etwas näher mit dem Streß beschäftigen. Obwohl der Begriff oft oberflächlich verwendet wird, hat er eine besondere wissenschaftliche Bedeutung. Dr. Hans Selye, ein Pionier auf diesem Gebiet, definierte Streß als »unspezifische Reaktion des Körpers auf jede Anforderung, die man an ihn stellt«. Körperliche

Veränderungen, die mit Streß einhergehen, sind unter anderem Muskelspannung, beschleunigter Herzschlag und beschleunigte Atmung, Schwitzen und Angst.

Die innere Stille hat tiefgreifende Auswirkungen sowohl auf den Körper als auch auf den Geist. Man erlebt einen Zustand tiefer Ruhe, gekennzeichnet durch einen verlangsamten Herzschlag, verminderte Sauerstoffaufnahme, Schweißabsonderung, Muskelspannung, Senkung des Blutdrucks und Abnahme der Streßhormone. Darüber hinaus erlangt man einen Zustand verstärkter geistiger Klarheit und emotionalen Wohlbefindens. Während Streß die Vitalität erschöpft, wird sie durch Entspannung wiederhergestellt. Während Streß die Widerstandskraft schwächt, wird sie durch Entspannung gestärkt.

Die physiologischen Veränderungen, die die Streßwirkungen neutralisieren, beeinflussen auch die psychische Gesundheit. Innere Stille vermindert Angst, Spannung, Nervosität, chronische Erschöpfung und Depression. Die positiven Gefühle, die damit verbunden sind, tragen auffallend zur Persönlichkeitsentwicklung bei. Die Selbstachtung wächst, die Geselligkeit nimmt zu, und Selbstzweifel und Unsicherheit verschwinden.

Innere Stille ist für die Gesundheit von wesentlicher Bedeutung. Phasen der Einsamkeit sind wichtig für die dauerhafte Vitalität des höchst kreativen und sich selbst verwirklichenden Menschen. Studien zeigen, daß diese Menschen fast ausnahmslos in ihrem vollen Terminkalender Zeit einplanen, in der sie sich zurückziehen und entspannen. Im Zustand der tiefen, inneren Ruhe kann sich die Psyche ganz natürlich regenerieren, ohne unterdrückte emotionale Traumata verbal zum Ausdruck bringen oder analysieren zu müssen.

Das Praktizieren von innerer Stille ist in vielen Kulturen seit langem als Eckpfeiler des spirituellen Wachstums bekannt. Schließlich wurde die Meditation seit Tausenden von Jahren überliefert, hauptsächlich nicht als Mittel, um eine bessere Gesundheit zu erlangen, sondern um das spirituelle Wachstum zu fördern und sich auf höhere Bewußtseinsebenen zu versetzen. Wenn man sich in tiefer Meditation befindet, kann die innere

Stille so tief sein, daß eine Bewußtseinserweiterung stattfindet, in der man erkennt, daß sich das innerste Selbst vom Körper, Geist und den Gefühlen unterscheidet. Diese Erfahrung ist zutiefst befriedigend und bringt langanhaltende, positive Wirkungen hervor.

Im Heilungsprozeß gibt es viele wichtige Faktoren. Ich kenne jedoch keinen wichtigeren Aspekt als die Qualität der inneren Stille. So wie sich die Therapeuten der verschiedensten Richtungen der weitreichenden Auswirkungen dieses Zustands bewußt werden, wird die Wissenschaft des Heilens große Fortschritte machen.

Harold Bloomfield, Dr. med., ist praktizierender Psychiater und Leiter der Psychiatrie, Psychotherapie und Gesundheitserziehung am »North County Holistic Health Center« in Del Mar, Kalifornien. Veröffentlichungen: »Das Achilles-Syndrom« (Reinbek: Rowohlt, 1986); »In Frieden mit den Eltern« (Reinbek: Rowohlt, 1985); »Das Glückspotential« (Bielefeld: Kleine Verlag, 1983); *u.a.*

DEEPAK CHOPRA
Der Zauberbann der Sterblichkeit

Durch mehrere meiner Patienten habe ich die Erfahrung gemacht, daß wir den Heilungsprozeß immer noch nicht voll verstehen können. Die denkwürdigste dieser Erfahrungen machte ich mit einer Frau mittleren Alters, die mich ungefähr vor zehn Jahren aufsuchte. Sie litt an Gelbsucht und klagte über starke Schmerzen im Bauchraum. Ich nahm an, sie hätte Gallensteine, und empfahl eine Operation. Als der Chirurg ihren Bauch öffnete, stellte er fest, daß sie keine Gallensteine, sondern einen großen, bösartigen Tumor hatte, der bereits Metastasen in der Leber und im Unterleib gebildet hatte.

Die Chirurgen hielten den Tumor für inoperabel und vernähten die Wunde wieder. Da mich die Tochter der Frau inständig bat, ihrer Mutter die Wahrheit zu verschweigen, teilte ich meiner Patientin mit, die Gallensteine seien erfolgreich entfernt worden. Ich sagte mir, ihre Familie würde ihr zu gegebener Zeit die Wahrheit unterbreiten, und sie hätte bestenfalls noch ein paar Monate zu leben – und zumindest könnte sie diese Zeit in geistigem Frieden verbringen.

Acht Monate später war ich sehr erstaunt, die Frau in meiner Praxis zu sehen. Sie kam von einer Routineuntersuchung, die weder einen Hinweis auf Gelbsucht, Schmerzen, noch irgendwelche erkennbare Anzeichen von Krebs ergeben hatte. Erst ein Jahr später machte sie mir ein ungewöhnliches Geständnis. Sie erklärte mir folgendes: »Herr Doktor, ich war so sicher, Krebs zu haben, daß ich mir schwor, ich würde keinen einzigen Tag in meinem Leben mehr krank sein, als sich herausstellte, daß es nur Gallensteine waren.« Der Krebs dieser Frau kehrte nie wieder zurück.

Dieser Fall veranlaßte mich zu der Überlegung, daß sich die moderne Medizin auf eine sehr enge Sichtweise des Heilens begrenzt hat. Wir sollten nicht fragen: »Was ist Heilung?« Es ist schon seit eh und je bekannt, daß Heilung ein Prozeß ist, der von der Natur gesteuert wird. Die entscheidende Frage lautet daher vielmehr: »Hat Heilung eine natürliche Grenze?« So weit ich weiß, ist die Antwort »nein«.

Da wir uns auf ein festes Schema der Medizin mit ihren »normalen« Diagnosen, Behandlungsmethoden und Prognosen beschränken, nehmen wir an, daß die Natur diese Grenzen als normal akzeptiert. Aber die Natur stimmt mit diesem Konzept offensichtlich nicht überein.

Wenn wir behaupten, keiner weiß, wie man Krebs heilt, sprechen wir nur die halbe Wahrheit aus. Die Art und Weise, wie diese Frau geheilt wurde, nämlich aus sich selbst heraus, ist *die* Heilung für Krebs. Sie kam, als eine radikale Veränderung in ihrer Physiologie stattfand, doch der genaue Ort dieser Veränderung stellt ein tiefes Geheimnis dar. Sogar der Versuch, die grundlegendste Frage zu beantworten – fand diese Veränderung in ihrem Geist, ihrem Körper oder beiden statt? –, setzt sich über den augenblicklichen Wissensstand der Medizin hinweg.

Um dies herauszufinden, kommt die westliche Medizin allmählich von den Medikamenten und der Chirurgie ab, die Säulen jeder Arztpraxis. Ein amorphes, oftmals verwirrendes Gebiet entsteht, das vage als »ganzheitliche Medizin« bekannt ist. Der Schritt weg von dem alten, mechanistischen System der Medizin, fand beinahe gezwungenermaßen statt, weil unser bisheriges Vertrauen auf die Stabilität des physischen Körpers ins Wanken geraten ist.

Die ganzheitliche Medizin bereitet vielen Ärzten großes Unbehagen, da sie eher ein Konzept als ein Fachgebiet ist. Wenn ein Arzt die Wahl zwischen einem Konzept und einem Medikament hat, wird er sich für das Medikament entscheiden. Penicillin, Digitalis, Aspirin und Valium machen keine neuen Vorstellungen seitens des Patienten (oder Arztes) erforderlich, um wirksam zu sein. Das Problem taucht dann auf, wenn das Medikament nicht wirkt.

Moderne Untersuchungen in England und Amerika haben gezeigt, daß bis zu 80 Prozent der Patienten das Gefühl haben, ihre

Beschwerden, der Grund, warum sie den Arzt aufgesucht haben, seien nicht zufriedenstellend behoben worden, nachdem sie die Praxis wieder verlassen hatten. Ältere Studien, die bis zum Ende des Zweiten Weltkriegs zurückreichen, ergaben, daß die Patienten sich, nachdem sie das Yale Medical School Hospital verlassen hatten, kränker fühlten als vorher. Dies stimmt mit ähnlichen Studien überein, die zeigen, daß es Patienten mit psychischen Problemen besser ging, als sie auf der Warteliste eines Psychiaters standen, als nach der tatsächlichen Konsultation. Daher geht es nicht einfach darum, den Arzt für den Körper durch einen Arzt für den »Kopf« zu ersetzen.

Eine Wunderheilung macht es dringend erforderlich, die grundlegenden Konzepte der Medizin neu zu überdenken. Unsere augenblickliche Auffassung von Heilung kann zu beeindruckenden oder zumindest angemessenen Resultaten führen, wenn wir beispielsweise Penicillin verwenden, um ein breites Spektrum von Infektionskrankheiten zu besiegen. Aber die Betrachtungsweise, wie die Natur Heilung versteht, kann uns Ehrfurcht einflößen. Viele Ärzte bezeugten staunend Wunderheilungen, ohne einen einzigen Hinweis auf eine mögliche Erklärung zu haben. Der gebräuchliche Fachausdruck hierfür ist »spontane Remission«, ein bequemes Etikett, das kaum mehr sagt, als daß sich der Patient selbst geheilt hat.

Die Medizin ist in ihrem Glauben blind gewesen, die Materie sei mächtiger als der Geist. In dem Versuch, diese Blindheit zu überwinden, haben sich in den vergangenen zehn Jahren neugierige und abenteuerlustige Ärzte versammelt, um mit den Neuerungen auf dem Gebiet der ganzheitlichen Medizin zu experimentieren, angefangen von Biofeedback und Hypnose bis hin zu Visualisation und Veränderungen des Verhaltens. Die Resultate sind insgesamt nicht sehr konkret und lassen sich nur schwer interpretieren. Im Jahre 1985 ergab eine gründliche Untersuchung von über 300 alternativen Heilmethoden bei Krebs, daß sie zwar eine gewisse Linderung brachten, die Quote der Heilungserfolge jedoch nicht auffallend von der der normalen Therapie abwich.

Es gibt aber noch andere, schwerwiegendere Probleme als die einander widersprechenden Forschungsergebnisse: die ganzheitliche Medizin leidet an der Unmöglichkeit, ihr Grundprinzip eindeutig zu beweisen, nämlich, daß der Geist den Körper beeinflußt, worauf er entweder gesund oder krank wird. Es braucht nicht eigens bewiesen zu werden, daß sich Kranke in einer anderen Gemütsverfassung befinden als Gesunde, aber der kausale Zusammenhang ist schwer zu definieren.

Die Kompliziertheit der Beziehung von Körper und Geist läßt sich nur schwer durchschauen. Wenn wir fragen, warum eine positive Geisteshaltung in keinem direkten Zusammenhang mit Gesundheit steht – obwohl dies eine der offensichtlichsten Tatsachen des Lebens zu sein scheint –, liegt die Antwort zuallererst darin, wie wir den Geist definieren. Dies ist nicht nur eine philosophische, sondern eine praktische Frage. Wenn wir den Geisteszustand eines Krebs-Patienten beurteilen sollen, messen wir ihn an seiner augenblicklichen Gemütsverfassung am Tag, an dem wir die Diagnose stellen, oder seinem früheren oder späteren Zustand? Sind seine bewußten Gedanken, Emotionen, Glaubensvorstellungen, Wünsche, Bedürfnisse und Phantasien Produkte seines Geistes oder müssen wir in sein dunkles Unbewußtes schauen?

Ich glaube, wir werden diese Frage solange nicht beantworten können, bis wir wieder auf die zeitlosen Traditionen der Menschheit zurückgreifen. Da die westliche Medizin annimmt, ein Mensch sei eine körperliche Maschine, die zufällig in der Lage ist zu denken, kommen wir in eine gefährliche Lage. Die großen Traditionen der Weisheit, einschließlich der Medizin, Philosophie, Psychologie und Religion, vertreten alle die gegenteilige Ansicht: Wir sind Gedanken, die gelernt haben, eine physische Maschine zu erschaffen. Als Basis für die Heilung müssen wir uns mit dem Körper beschäftigen, wenn ein Patient dies dringend braucht. Aber im Laufe des Lebens wird der Mensch von seinem ganzen oder holistischen Seinszustand geprägt, und dieser wurzelt im Bewußtsein.

Mein besonderes Interesse gilt der Ayurveda-Medizin, der alten,

indischen »Wissenschaft vom Leben«. (Ich verdanke mein ganzes Verständnis und meine Praxis der Ayurveda-Medizin Maharishi Mahesh Yogi, der die Ayurveda-Medizin wiederentdeckt und die effektivsten Methoden dieses Heilsystems neu eingeführt hat.)
Heute wird Ayurveda im wesentlichen als ein umfassendes, naturheilkundliches System praktiziert. Als es vor mehr als 5000 Jahren entwickelt wurde, entstand es jedoch im Geist der alten vedischen Seher oder Rishis als vollständiges Wissensgebiet, das sich mit dem menschlichen Leben auf der Basis des kosmischen Lebens befaßt. Ein berühmter Ayurveda-Vers lautet:

> So wie der menschliche Körper,
> ist auch der kosmische Körper.
> So wie der menschliche Geist,
> ist auch der kosmische Geist.
> So wie der Mikrokosmos,
> ist auch der Makrokosmos.
> So wie das Atom,
> ist auch das Universum.

Was auch immer wir aufgrund unserer begrenzten Vorstellung glauben, dies ist die Hauptquelle des menschlichen Verständnisses. Die Quantenphysik wird zustimmen müssen, daß der menschliche Körper wie alle komplexen, physikalischen Strukturen aus unsichtbaren Schwingungen in den fundamentalen Energiefeldern der Natur entsteht. Dieser Körper, der so solide erscheint, besteht in Wirklichkeit aus Energiewellen oder Schwingungen, und selbst wenn wir die winzigen Materieteilchen, die mit Lichtgeschwindigkeit um den Atomkern wirbeln, erkennen könnten, wäre der Zwischenraum zwischen den einzelnen Partikeln so leer wie der intergalaktische Raum.
Was hält diesen leeren Raum zusammen? Ohne es als Geist zu bezeichnen, räumt die Physik mittlerweile ein, daß ein unermeßlich mächtiges, geordnetes, alles umfassendes, unvergängliches Prinzip seit der ersten Billionstelsekunde nach dem Urknall

wirksam ist, und diese unvorstellbar große Leere mit Sternen, Planeten, Lebensformen und der Menschheit füllt. Das Ayurveda-System behauptet, daß dieses Prinzip nichts anderes ist als Bewußtsein, das sich wiederum vollkommen in unserem eigenen Bewußtsein widerspiegelt. In einer Hinsicht kommt Bewußtsein in Form von Materie zum Ausdruck, in wieder anderer als Geist, wobei es dazwischen unendlich viele Abstufungen gibt.

Das Bewußtsein kann ruhig oder in Bewegung sein, aber es behält immer die Kontrolle. Denken wir einmal an unsere eigene DNA, die ebenso ein Ausdruck von Wissen als auch von Materie ist. Die DNA kontrolliert das Leben von außen, ohne jemals das Zentrum zu betreten. Einerseits sitzt sie fest an ihrem Platz im Zellkern. Andererseits erschafft sie die RNA, um Proteine herzustellen. Schließlich erzeugen die Proteine wiederum Enzyme, und wir stehen vor einem höchst komplizierten Organismus, dessen Einzelteile aber immer noch mit der grundlegenden Natur der DNA verbunden sind – nicht mit ihren Atomen oder Molekülen, sondern mit der reinen Information der DNA.

Wenn ein Botenmolekül wie das Hormon Thyroxin durch das Blut fließt und sich an einen Rezeptor an der Zellwand heftet, werden wir Zeuge, wie ein Aspekt der DNA in Interaktion mit einem anderen tritt. Der Rezeptor ist wie ein Ohr, das auf eine Botschaft wartet, und das Hormon ist die Antwort. Aber alles in allem ist dies ein Prozeß, in dem die Intelligenz mit sich selbst spricht. Diese einfache Darstellung genügt, um viele überholte Vorstellungen in der Medizin zu widerlegen – die Annahme, daß nur das Gehirn denkt, der Geist kein Teil der Materie ist und die physiologische Aktivität bisweilen zufällig stattfinden kann.

Wenn wir uns selbst erst einmal als Schöpfung der Intelligenz erkennen, müssen wir zugeben, daß wir uns selbst erschaffen. Tatsächlich befinden wir uns in einem Prozeß, in dem wir uns ständig selbst erschaffen, weil die Intelligenz niemals aufhört, mit sich selbst zu kommunizieren. Das Blut ist keine chemische Brühe, sondern eine mehrspurige Autobahn, auf der Tausende von Botschaften transportiert werden, die von Hormonen, Neuropeptiden, Immunzellen und Enzymen überbracht werden, die alle eine ganz bestimmte Aufgabe haben und in der Lage sind, als ein Impuls der Intelligenz ihre eigene Integrität zu bewahren. Die Medizin sucht verzweifelt nach neuen Metaphern, damit wir die großen Hindernisse überwinden können, vor denen wir immer noch stehen, wie zum Beispiel Krebs und AIDS. Ayurveda bietet uns eine einfache, aber gleichzeitig unglaublich mächtige Metapher an: Das Leben ist wie ein Baum, dessen Wurzel das Bewußtsein ist. Wenn wir deshalb erst einmal gut für die Wurzel sorgen, wird der ganze Baum gesund sein. Die Natur kontrolliert die Heilung bereits von dieser tieferen Ebene aus, denn jede Zelle hat teil an der Intelligenz des Körpers und reagiert auf die Gedanken, Emotionen, Wünsche, Glaubensvorstellungen und das Selbstbild des Patienten.

Der Geist hat immer eine körperliche Entsprechung. Jeder Arzt hat schon einmal erlebt, daß Patienten scheinbar nicht an der Krankheit, sondern der Diagnose gestorben sind. Ich behandelte einmal einen Mann in den Fünfzigern, der fünf Jahre lang gut mit einer krankhaften Veränderung der Lunge von der Größe einer Münze gelebt hatte, die langsam größer wurde. Nachdem ich seine alte Röntgenaufnahme noch einmal überprüft hatte, erklärte ich ihm, bei der krankhaften Veränderung handle es sich um Lungenkrebs. Er war völlig bestürzt über die Diagnose. Trotzdem er in der Vergangenheit keine eindeutigen Symptome gezeigt hatte, begann er innerhalb eines Monats, Blut zu husten, und nach weiteren drei Monaten starb er.

Die Natur hat keine Mauer zwischen Geist und Körper errichtet. Unsere eigenen Grenzen sind nur deshalb real, weil wir darauf konditioniert sind, an sie zu glauben. Wir sind Gefangene unserer eigenen Konditionierung, die der Heilung bedürfen, um von dem Zauberbann erlöst zu werden, mit dem wir belegt sind, dem Zauberbann von Krankheit, Ignoranz und Leiden. Das Hauptziel der Ayurveda-Medizin besteht darin, den Bann der Ignoranz zu brechen, und der Natur auf diese Weise zu ermöglichen, sich selbst zu heilen. Eine jahrhundertelange Konditionierung zu durchbrechen, ist gleichzeitig sehr einfach und sehr schwer. Es ist schwer im normalen Wachzustand, der eine Grenze nach der anderen errichtet, aber im Zustand des reinen Bewußtseins oder der grenzenlosen Bewußtheit fällt es nicht schwer.

Die alten ayurvedischen Rishis nahmen an, daß die Menschen ihr Geburtsrecht auf grenzenloses Bewußtsein immer bewahren würden. Ein berühmter Vers aus den Veden lautet: »Aus Gnade sind die Menschen geboren, aus Gnade werden sie am Leben erhalten, und mit ihr verschmelzen sie schließlich wieder.« Das Fundament eines gesunden, ganzheitlichen Lebens ist diese reine Form von Bewußtsein, genannt Gnade oder Ananda. Gnade kommt der Lebenskraft am nächsten, die uns die Natur schenkt. Wenn ein Patient wieder in Kontakt mit dieser Lebenskraft kommen kann, wird er die Heilung in sich bewirken. Wenn er ein Gefangener der bruchstückhaften Klischeevorstellungen ist, fällt er Krankheit, Schwäche und all den anderen Beschwerden zum Opfer, die ihm vom Zauberbann der Sterblichkeit auferlegt werden.

Ich kann mir keine gesunde Zukunft vorstellen, solange dieser Zauberbann nicht gebrochen ist und wir wieder begreifen, was die Quelle der menschlichen Weisheit schon immer gelehrt hat: Das menschliche Leben ist unsterblich. Es ist das Leben des Universums, das sich in uns verkörpert hat.

Deepak Chopra, Dr. med., ist Präsident der »American Association of Ayurvedic Medicine«, und ehemaliger Professor für Sozialmedizin an der Universität Boston, so wie früherer Leiter des »New England Memorial Hospital«. Veröffentlichungen: »Ayurveda – Gesundsein aus eigener Kraft« *(München: Goldmann, 1991);* »Die heilende Kraft. Ayurveda, das altindische Wissen vom Leben und die modernen Naturwissenschaften« *(Bergisch-Gladbach: Lübbe, 1990);* »Die Körperseele« *(Bergisch-Gladbach: Lübbe, 1991);* »Die Rückkehr des Rishi« *(Paderborn: Junfermann, 1990).*

KEITH SHERWOOD

Die Ökologie des Heilens

Ganzheit, die das Ziel der Heilung ist, kann nicht erlangt werden, wenn sie von Angst behindert wird. Angst schränkt das Selbst ein, macht einen Menschen schwach, klein und schließlich unsicher. Sie verursacht, daß sich ein Mensch auf jeder Ebene zusammenzieht, unterbricht seinen Energiefluß und seine Beziehung zu anderen Menschen.
Es gibt viele Formen von Angst, und darüber sind schon viele Bücher geschrieben worden. Letztendlich ist Angst das Gegenteil von Leben, und im wesentlichen ist Angst ein Zustand des Nicht-Seins. Die größte Angst ist nicht die Todesangst, sondern vielmehr die Angst, ausgelöscht und nicht geliebt zu werden, was die schlimmste Form von Getrenntheit darstellt.
Wenn wir uns selbst als ganz erleben, als Teil der großartigen Ökologie, welche die Synthese aller Lebensformen im sichtbaren und unsichtbaren Universum, des universellen Energiefelds ist, erkennen wir sehr bald, daß wir unmöglich ausgelöscht werden können. Die hermetische Philosophie lehrt uns, daß »das Universum eine Ganzheit ist, und in seinen Teilen oder seiner Einheit im Geist des All-einen existiert, in dem wir leben«. Die bedingungslose Abgabe von Energie, die wir das All-eine nennen, verbindet alles miteinander. Es ist die große, vereinende Kraft, die alle Daseinsebenen durchdringt. Es ist die Kraft, mit der Brücken gebaut und Beziehungen geknüpft werden, und die das Universum zusammenhält. Diese Kraft ist das vereinigende Prinzip, das die Materie, Energie und das Bewußtsein auf allen Ebenen miteinander verbindet.
Als Energiekonzentrat sind wir integrale Bestandteile des universellen Energiefelds und können nicht aus ihm verschwinden, so wie eine Masche aus einer Strickarbeit nicht fallen kann, ohne

die Strickarbeit aufzutrennen. Solange wir bewußt unsere Energie abgeben, werden wir bewußt die Freude erfahren, mit dem restlichen, universellen Energiefeld verbunden zu sein. Aber wenn wir den freien Energiefluß behindern, weil wir uns aus Angst zusammenziehen, verlieren wir das bewußte Gefühl der Sicherheit und Zufriedenheit, das nur aus dieser Erfahrung erwachsen kann. Dann fühlen wir uns wahrhaftig getrennt und allein, weil wir gespalten sind.

Solange ein Mensch aufgrund seiner Angst gespalten und von allem getrennt ist, und an die Illusion der Getrenntheit und nicht an die Einheit und wahre Verbundenheit, die aus der Liebe erwächst, glaubt und sie erlebt, solange er gegen seine Mitmenschen kämpft und das »Ich bin«, das innere Selbst ignoriert, das immer nach Einheit strebt, bleibt er in einem Zustand der Krankheit, in einem Teufelskreis des Konkurrenzkampfes mit »anderen«, äußeren Feinden und den Feinden in seinem eigenen Unbewußten gefangen. Diese Menschen mißtrauen schließlich jedem und auch sich selbst und leben in der ständigen Angst, schließlich alleine zu sein und keine Sicherheit mehr zu haben.

Wenn wir von der Angst vor dem Ausgelöschtwerden sprechen, müssen wir uns fragen, wer in unserem Inneren Angst vor Auslöschung hat. Es ist das »Ich bin«, das die Trennung und Auslöschung fürchtet, das innere Selbst, das tief in unserem Herzen schlummert. Die Antwort auf diese Frage ist »Nein!« Wo Sicherheit ist, gibt es keine Angst. Angst entsteht, wenn Zweifel auftauchen und der Ausgang unsicher ist. Was das »Ich bin« anbelangt, gibt es keine Angst, weil es keine Zweifel in bezug auf die Fortdauer seiner Existenz und seine Beziehung zum universellen Energiefeld, das den Kosmos durchdringt, hegt.

Wenn man es genau analysiert, hat das »Ich bin« keine Angst, weil es in einer Welt der endlosen Wandlung weiß, daß Leben und Tod ganz einfach Übergänge von einer Daseinsebene zur anderen, von einer Realität in die andere sind. Für das »Ich bin« ist es unvorstellbar, ausgelöscht zu werden, weil es weiß, daß nichts, was im universellen Energiefeld existiert, jemals zu existieren aufhört. Seine äußere Form mag sich verändern, es kann sich in der Evolution aufwärts oder abwärts entwickeln, indem es seine Schwingung verändert, aber die Urangst vor dem völligen Verschwinden, die existentielle Verzweiflung über die völlige Getrenntheit, ist unmöglich.

Lord Sri Krishna erklärt Prinz Arjuna in der Bhagavad Gita, daß »der Weise weder um die Toten noch um die Lebenden trauert. Denn es gab niemals eine Zeit, in der ich oder du oder alle anderen Prinzen nicht waren. Und es wird niemals eine Zeit kommen, wo sie nicht mehr sind.«

Ich begann zu verstehen, was Ganzheit bedeutet, als ich Gebet als Mittel verwendete, um Energieblockaden zu durchbrechen und in Kontakt mit meinem »Ich bin« zu kommen und durch seine Schutzherrschaft zum All-einen, der alles durchdringenden Energie und dem Bewußtsein, genannt Gott. Als ich regelmäßig zu beten begann, verschwanden die Blockaden, die den freien Fluß meiner mentalen und emotionalen Energie behinderten. Als ich mich von meinen tiefsten Ängsten, Schmerzen und Enttäuschungen befreite, entdeckte ich die verlorenen Teile meines Selbst wieder. Als sich mein Herz beruhigte und die Blockaden sich auflösten, begann ich, eine andere Persona zu erfahren, die tief in meinem Herzen wohnte und durch mich betete.

Zuerst war ich mir nicht sicher, was vorging, doch ich wußte, daß niemand anderer durch mich betete, weil diese Persona etwas Vertrautes an sich hatte, und mir die Schwingungen der Energien vertraut waren, die mich durchströmten, wenn diese Persona durch das Gebet zum Ausdruck kam. Ich wußte, daß ich dasselbe Gefühl der Erfülltheit in meiner Kindheit erlebt hatte, das Gefühl, immer runder und größer zu werden. Als ich auf diese Weise betete, füllte ich meine Umgebung mit meiner eigenen Präsenz und infolgedessen schienen sich all meine Beziehungen zu verändern.

Es war eine Art Déjà-Vu-Erlebnis, weil ich mich am Rande meines bewußten Verstandes an Erfahrungen wie diese in meiner frühen Kindheit erinnern konnte. Als ich diese Persona zum Ausdruck kommen ließ, wurde sie immer stärker. Wenn sie sich manifestierte, strömten Energiewellen rhythmisch durch meinen

Körper und erfüllten mich mit unaussprechlicher Freude. Diese Persona manifestierte sich in vielen verschiedenen Formen. Sie nahm verschiedene Gestalten, Formen und Persönlichkeiten an. Manchmal kam sie in Form von Ernsthaftigkeit, dann wieder als Freude zum Ausdruck. In kürzester Zeit integrierte sich diese Persona in meinen Alltag, wenn ich sie ganz zuließ. Oder vielleicht trifft es genauer zu zu sagen, daß ich mehr in ihr Leben integriert wurde. Sie drückte sich in den Gebeten durch Worte aus, aber auch durch die Energie und das erweiterte Selbstgefühl, das mich zu durchdringen begann.

Die erweiterte Perspektive und das Selbstgefühl, die daraus resultierten, veränderten mein Leben. Als sich diese Persona in mir entfaltete, verschwanden meine Ängste, und ich verspürte eine innere Kraft, weil die Freude aus meinem Inneren kam und nicht mehr von den Launen meiner Umwelt abhängig war. Letztendlich war ich nach Hause gekommen. Ich erinnerte mich endlich wieder daran, wer ich war, und erlebte mich als ein ganzes, menschliches Wesen, die Synthese der verschiedenen Manifestationen des Selbst, das »Ich bin«.

Aber jeder aufrichtig Lernende muß verstehen, daß man die Ganzheit nur erreichen kann, wenn man in die Natur seiner selbst hineinblickt, sie so akzeptiert, wie sie ist, und ihr die Freiheit gibt, natürlich zum Ausdruck zu kommen. Wenn sich jeder Mensch diese Freiheit zugesteht, befreien sich die Menschen von der Sklaverei. Wenn ein Mensch hofft, die Ganzheit zu erreichen, indem er außerhalb von sich selbst nach einem Meister oder einer Zauberformel sucht, sucht er vergeblich und kann sein Ziel unmöglich erreichen. Nur wenn man nach innen schaut, kann man die Befreiung seiner natürlichen Energie und Kraft erfahren, die im Inneren eingeschlossen und durch die gespaltene Lebensweise unterdrückt und pervertiert war, und statt auf natürliche Weise nur in abnormaler Form zum Ausdruck kommen konnte. Wenn ein Mensch beginnt, nach innen zu schauen, findet er schon bald einen Beweis für seine wahre und umfassende Natur. Wenn er zur Wurzel seiner Existenz vordringt, offenbart sich ihm sein wahres Wesen. Er erkennt allmählich, daß er viel mehr ist, als er bisher geglaubt hatte, und sein Leben grenzenlos und unendlich ist.

Im nachfolgenden Gleichnis suchte ein junger Brahmane (der Archetyp für den Lernenden) jahrelang nach innerem Frieden. Er suchte Erlösung von seinem Leiden. Anders als die anderen jungen Männer seines Alters, die genau wußten, was sie wollten, sehnte er sich nur nach einem: der Erlösung von seiner endlosen Qual. Unterwegs begegnete er vielen Menschen, die Mitleid mit ihm hatten und ihm ihren Rat anboten oder ihm Trost spendeten. Aber keiner konnte ihm auf Dauer helfen. Als er völlig verzweifelt war, hörte er von einem Weisen, der seine Ganzheit und seinen inneren Frieden erlangt hatte.

Man sagte ihm, daß der Weise tief im Wald lebte. Nach einer aufregenden Reise fand der junge Mann ihn an einem kleinen Strom sitzend, unter einem alten Feigenbaum. Der alte Mann lud ihn ein, sich zu setzen. Nach einer Weile hatte der Suchende den Mut zu fragen: »Wie werde ich ganz und erlange so meinen Frieden?«

Der Meister blickte ihn ein paar Minuten lang an. Dann sagte er: »Geh ins Dorf. Dort wirst du finden, was du suchst.«

Der junge Mann dankte dem Weisen und machte sich sogleich auf den Weg ins Dorf, voller Hoffnung und Erwartung. Aber als er im Dorf ankam, fand er nur ein paar Hütten und drei alte Frauen, die mit Körben vor sich auf dem Marktplatz saßen. Eine Frau verkaufte Holzscheite, die andere Metallteile und die dritte Draht. Von seinem letzten Geld kaufte der Brahmane ein Metallteil, einen Holzscheit und ein Stück Draht, weil er glaubte, diese Gegenstände besäßen womöglich Zauberkräfte. Aber bald stellte er fest, daß dies nicht so war. Es handelte sich um ganz normale Gegenstände. Enttäuscht kehrte er zu dem Weisen zurück und beschwerte sich bei ihm. Er verlangte eine Erklärung dafür, warum er ihn getäuscht hatte.

Der Weise antwortete nur: »Hab Geduld. Bald wirst du verstehen.«

Niedergeschlagen ging der junge Brahmane fort. Weil er nicht wußte, wohin er gehen sollte, ging er in den Wald. Nach einiger

Zeit verschwanden seine Wut und seine Enttäuschung, und er hörte Musik, die aus dem Wald kam. Da es dunkel wurde, beeilte er sich, in die Richtung zu laufen, aus der die Musik erklang. Als er näherkam, hörte er, daß es die Musik einer Sitar war. Tief bewegt gab er sich völlig der Musik hin.

Zu seinem Erstaunen entdeckte er, daß der Weise auf der Sitar spielte, der ihn zuvor zum Narren gehalten hatte. Darüber hinaus erkannte er, daß er im Kreis gewandert und genau dort wieder angekommen war, wo er den alten Mann verlassen hatte. Dann wurde ihm bewußt, daß die Finger des Weisen erstaunlich flink waren. Für einen Augenblick war er so fasziniert, daß er sich selbst vergaß, und in diesem Moment durchfuhr ihn ein Erkenntnisblitz. Er erkannte, daß die Sitar aus Holz, Metall und Draht gemacht war.

In diesem Augenblick verstand er die Botschaft des alten Weisen. Zum ersten Mal erkannte er, daß das Holz, Metall und der Draht solange keine Bedeutung für ihn hatten, wie er sie getrennt voneinander betrachtete. Aber wenn er sie als Ganzes sah, wurden sie zu einer Sitar. Nun erkannte er die Weisheit in der Lehre, die ihm der Weise erteilt hatte. Er hatte alles bekommen, was er brauchte.

Von diesem Moment an war er wie neugeboren. Er war vollständig und ganz. Er hatte nicht begriffen, daß die verschiedenen Facetten seines Lebens niemals dazu gedacht waren, voneinander getrennt zu werden. Statt dessen waren sie ein Teil einer komplexen Ökologie des Geistes, der Seele und des Körpers, die zusammen ein Ganzes bildeten. Zum ersten Mal verstand er, daß man jedes Einzelteil nur dann begreifen kann, wenn man es als Teil eines Ganzen betrachtet, als Teil einer Einheit, das als solches teilhat an der Essenz, dem »Ich bin«. In der Vergangenheit hatte er das Gefühl für das »Ich bin« verloren und war auf die getrennten Einzelteile seiner selbst fixiert gewesen. Er hatte sich mit den Einzelteilen identifiziert und die anderen Teile seiner Persönlichkeit, die er verloren hatte, abgelehnt. Bis zu diesem Augenblick der Erkenntnis hatte er niemals verstanden, daß die Identifikation mit einem Aspekt seiner selbst hieß, die Bedeutung

der anderen zu übersehen und zu vergessen, wer er in Wirklichkeit war. Endlich erkannte er, daß das Leben ein Prozeß der Erinnerung, des Wiederfindens und schließlich der Wiedervereinigung aller Elemente des Selbst mit dem »Ich bin« ist.
Hermann Hesse verstand die Bedeutung der Integration, als er schrieb: (Am Ende seines Lebens) lauschte Siddhartha aufmerksam diesem Fluß, »diesem tausendstimmigen Liede, wenn er nicht auf das Leid noch auf das Lachen hörte, wenn er seine Seele nicht an irgendeine Stimme band und mit seinem Ich in sie einging, sondern alles hörte, das Ganze, die Einheit vernahm, dann bestand das große Lied der tausend Stimmen aus einem einzigen Wort, das hieß Om: die Vollendung«.

Keith Sherwood, widmet sich ganz der spirituellen Entwicklung und dem Heilen. Sein Weg führte ihn zu Yoga und Zen; er war Pfarrer, Heiler und Hellseher, Gründer der »American Psychic Association« und Verleger des »Psychic Magazine«. Heute leitet er Workshops in Europa und den USA. Veröffentlichungen: »Kraftzentren des Lebens« (Freiburg: Hermann Bauer, 2. Aufl. 1987); »Die Kunst spirituellen Heilens« (Freiburg: Hermann Bauer, 3. Aufl. 1988); »Das Tantra der Partnerschaft« (Wolfenbüttel: Fischer Druck, 1991).
Originalbeitrag der deutschen Ausgabe.

Nachwort

Der Versuch, den roten Faden des Heilens zu entdecken, endet nicht mit der Fertigstellung dieses Buches. Wir hoffen, einen unfertigen Wandteppich gewebt zu haben. Die Fäden, die die Autorinnen und Autoren beitrugen, haben lange Zeiten überdauert. Es bleibt jedem selbst überlassen, nun weiterzuweben – bis eine größere Arbeit entsteht, die eine persönliche Vision schafft. Jedem Gebiet ist durch ein Verständnis der zugehörigen wesentlichen Faktoren geholfen, so ist es auch beim Heilen. Je mehr Heilmethoden Jahr für Jahr entwickelt werden, um so wichtiger wird es, auf die Grundmerkmale des Heilens zurückzukommen. Mit anderen Worten: indem wir uns nicht in einzelnen Methoden verlieren, können wir entdecken, oder vielleicht wieder entdecken, worum es beim Heilen wirklich geht.

Das größte Geschenk, das unsere Autoren uns vielleicht machten, ist ein gesteigerter Sinn dafür, daß wir alle Heiler sind. Wirksames Heilen erwächst nicht notwendigerweise aus besserer Ausbildung oder Beherrschung von Techniken. Vielmehr kann Heilung stattfinden, wenn eine oder mehrere Personen ihre Herzen und ihren Geist für die Gaben öffnen, die sie bereits besitzen.

ALEXANDER LOWEN
FREUDE
Die Hingabe an den Körper und an das Leben
414 Seiten. Gebunden
KÖSEL-VERLAG

Freude ist ein natürlicher Zustand, ein positives Körpergefühl. Sie ist nur möglich durch an Hingabe den Körper, durch ein Hören auf seine Weisheit.

Alexander Lowen erklärt in diesem Buch wesentliche Begriffe der Bioenergetik, weist auf Unterschiede zu anderen Therapien hin und beschreibt wichtige therapeutische Methoden. Zu den behandelten Themen gehören Aggression, Enttäuschung, Sexualität, sexueller Mißbrauch, die Angst vor dem Sterben und die Hingabe an Gott.

Fallbeispiele, bioenergetische Übungen und die persönlichen Erfahrungen Lowens machen das Buch sehr lebendig.

GOLDMANN TASCHENBÜCHER

*Das Goldmann LeseZeichen mit dem Gesamtverzeichnis erhalten Sie im Buchhandel
oder gegen eine Schutzgebühr von DM 3,50/öS 27,–/sFr 4,50 direkt beim Verlag*

Literatur · Unterhaltung · Thriller · Frauen heute · Lesetip
FrauenLeben · Filmbücher · Horror · Pop-Biographien
Lesebücher · Krimi · True Life · Piccolo · Young Collection
Schicksale · Fantasy · Science-Fiction · Abenteuer
Spielebücher · Bestseller in Großschrift · Cartoon · Werkausgaben
Klassiker mit Erläuterungen

✳✳✳✳✳✳✳✳✳✳

Sachbücher und Ratgeber:
Politik/Zeitgeschehen/Wirtschaft · Gesellschaft
Natur und Wissenschaft · Kirche und Gesellschaft · Psychologie
und Lebenshilfe · Recht/Beruf/Geld · Hobby/Freizeit
Gesundheit und Ernährung · FrauenRatgeber · Sexualität und
Partnerschaft · Ganzheitlich heilen · Spiritualität und Mystik
Esoterik

✳✳✳✳✳✳✳✳✳✳

Ein SIEDLER-BUCH bei Goldmann
Magisch Reisen
ReiseAbenteuer
Handbücher und Nachschlagewerke

Goldmann Verlag · Neumarkter Str. 18 · 81664 München

Bitte senden Sie mir das neue Gesamtverzeichnis, Schutzgebühr DM 3,50

Name: _____

Straße: _____

PLZ/Ort: _____